武当武术标准化建设工程系列丛书

"两拳一械"竞赛套路

武当山旅游经济特区管理委员会　主编
国家体育总局武术运动管理中心　审定

人民体育出版社

图书在版编目（CIP）数据

"两拳一械"竞赛套路/武当山旅游经济特区管理委员会主编.——北京：人民体育出版社，2023
（武当武术标准化建设工程系列丛书）

ISBN 978-7-5009-6299-1

Ⅰ.①两… Ⅱ.①武… Ⅲ.①拳术—运动竞赛—标准化—中国②器械术(武术)—运动竞赛—标准化—中国 Ⅳ.①G852-65

中国版本图书馆CIP数据核字(2023)第065491号

*

人民体育出版社出版发行
湖北画中画印刷有限公司印刷
新 华 书 店 经 销

*

787×960　16开本　9印张　149千字
2023年8月第1版　2023年8月第1次印刷
印数：1—12,000册

*

ISBN 978-7-5009-6299-1
定价：42.00元

社址：北京市东城区体育馆路8号（天坛公园东门）
电话：67151482（发行部）　　邮编：100061
传真：67151483　　　　　　　邮购：67118491
网址：www.psphpress.com

（购买本社图书，如遇有缺损页可与邮购部联系）

指导单位： 国家体育总局武术研究院

　　　　　　十堰市人民政府

　　　　　　湖北省体育局

　　　　　　武汉体育学院

编创单位： 湖北省体育局武术和冬季运动管理中心

　　　　　　武当山旅游经济特区管理委员会

　　　　　　武汉体育学院武术学院

　　　　　　武汉体育学院武当山国际武术学院

编委会

主　任：师利龙

副主任：何垚辰　刘建平　周　军

　　　　卢金华　王　军　李成生

　　　　苏　芳　王俊峰　张全书

执行副主任：韩继斌　龙行年

主编单位：武当山旅游经济特区管理委员会

执行主编单位：武当山旅游经济特区武术推广中心

套路编创人员：杨群力　王　飞　贾海如

出版说明

　　武当武术是中国武术的重要组成部分，2006年5月，武当武术被国务院列入第一批国家级非物质文化遗产名录（以下简称"名录"）。"两拳一械"就是在精选名录中部分拳种精华内容的基础上，根据赛事要求所编创的适宜竞技比赛与推广普及的规定套路。"两拳"，即武当太乙拳、武当拳；"一械"，即武当剑，简称"两拳一械"。

　　近年来，在国家、省市武术主管部门和武当山旅游经济特区管委会的高度重视关心下，武当武术的挖掘、整理、普及推广工作得到了很好的开展。先后举办赛事20余次，随国家文化和旅游部、外交部、商务部和湖北省委、省政府走出国门，进行文化交流访问达100余次，访问国家达120余个，为宣传武当武术技术精髓和展现我国文化软实力起到了重要作用。

　　基于历史的原因，武当武术在发展过程中，门派众多、自成体系、师承关系复杂、缺乏统一的标准和规范，使其无法进入国家和国际规定赛事，导致产业化、国际化程度严重不足，缺少可持续发展的有力支撑。伴随全球经济一体化步伐的加快，行业标准化已上升为战略需求，各个行业概莫能外。只有标准化，才能产业化；只有产业化，才能真正国际化。为突破瓶颈，改变分散割裂、小众流传的封闭状态，推行标准化建设是武当武术发展的必然选择。

　　从深层次上讲，研究武当武术标准化问题，对发挥武当"名山名拳"优势，推动武当武术的全面振兴，促进武当武术特有的健身价值的开发与运用，弘扬道教文化，提高地域知名度，振兴地方经济和构建和谐社会，都将具有重要的现实意义与战略价值。

　　2011年、2012年，在武当山旅游经济特区承办的两次国家体育总局武术研究院专家委员会年会上，许多专家针对武当武术发展现状提出了标准化的建议与构想。2015年底，武当山旅游经济特区新一届领导班子上任后，十分重视武当武术的发展，在"十三五"规划中，明确提出打造以武当武术为核心的武当文化展示区和国际高端健康养生体验区，武当武术标准化建设成为"十三五"期间的重点工程之一。2015年12月6日，国家体育总局武术研究院、湖北省体育局、武汉体育学院、十堰市人民政府、武当山旅游经济特区、武当山国际武术学院等三家六方签订了《武当武术发展战略合作协议》，将武当武术技术体系的标准化建设提上了重要的议事日程，为标准化建设搭建了一个开创性的平台，编创工作正式启动。

在国家、省市、体育院校的高度重视和支持下，经过专家和社会各界的共同努力，历时两年，终于完成了"两拳一械"的编创工作。2016年，通过了国家体育总局武术研究院专家委员会评审。

编创工作大致分为三个阶段：

一、成立专班、厘清思路

2015年12月，国家体育总局武术研究院武当武术研究中心、武当山旅游经济特区管委会等单位成立了领导机构，组建了由武汉体育学院武术学院、武当山国际武术学院、省市武术主管部门、武当山旅游经济特区武术局组成的工作专班，安排了武当武术的编创工作。2015年12月至2016年12月，武当武术标准化专班先后组织召开10余次理论研讨会，参会人员涵盖国家、省市、武当山旅游经济特区武术主管部门领导，全国知名武术专家教授，名家传人等，对武当武术的概念、特点、编创原则、时间节点、任务分工等进行了全方位研究，为武当武术的编创工作提供了基本的思路和组织保障。

二、搜集资料、编创成型

工作专班采取"请进来、走出去"的方式，先后邀请了100余名专家、名家、传人汇聚武当献策献技；同时又遍访了全国各地武当武术名家，搜集到80多种具有武当特色的功法、拳法、剑法资料，为武当武术标准化"两拳一械"的编创提供了重要素材。编创套路工作由武汉体育学院武术学院、武当山国际武术学院多名专家、教授组成，负责拳、剑技术的编创和申报材料的整理，2016年12月中旬，几易其稿和评审修改，最终完成了"两拳一械"的理论文本和技术套路的编创工作。

三、评审修改、普及推广

2016年12月24日，在杭州萧山举行的武当武术"两拳一械"评审会上通过了专家评审，一致认为，武当武术"两拳一械"技术编创意义重大。编创目的明确，研究方法可靠，体现了博采精华、创新发展的时代精神和自身技术特点；技术来源清楚，技术要素恰当、合理，结构布局适宜，突出了武当武术的技术风格；编创报告与技术说明系统全面、资料齐全，符合评审要求。建议：降低技术难度，套路尽量简单化，建立高、中、初级等系列化，适宜不同人群的套路体系。根据专家意见，对"两拳一械"进行了进一步的修改和完善，于2018年5月在武当武术"两拳一械"标准化推进落实会议上得到与会专家一致认可。

"两拳一械"审定通过后，国家体育总局武术运动管理中心、湖北省体育局武术和冬季运动管理中心分别将"两拳一械"列为全国、全省武术赛事的规定套路。从2019年至2022年，相继举办了全国、全省武当武术标准化教练员培训班5期，举办全国、全省武当拳交流大赛活动3次。同时，在十堰市和相关地、市开展了武当武术"四进"活动[（进机关、进企业、进学校、进村（社区）]，为武当武术更大范围的推广普及作出了新的贡献。

全书以套路展示为基础，较全面地介绍了各套路的基本手型手法、基本步型步法、基本动作、主要技击方法、套路动作说明等。三个套路均凸显抱元守一、身心松空、中正平和、矮裆低架、由内而外、柔化刚发、擒扑封闭、绵缠裹弹、走转旋翻、轻灵飘逸的风格特点，是一本技理清晰、方法独特，适宜武当武术爱好者按图索骥的科普读本。期望这本书的问世，能为广大群众带来启发和教益！

《"两拳一械"竞赛套路》一书的出版，既宣传了武当武术在挖掘整理方面所做出的有效工作和取得的丰硕成果，也证明了倡导以标准化建设为抓手，是发扬广大传统拳种的有效方法之一。功在当代，利在千秋。

武当武术"两拳一械"在编创过程中，得到国家、省市、特区、体育院校等单位与领导的大力支持。对长期关心与提供指导的陈恩堂、水兵、张征、黄浩军、吴先锋、沈明云、师利龙、陈文胜、王煦、王瑞等领导，王茂国、祝三梅等企业家；对参与主持、策划与实施该项目的陈国荣、蔡仲林、石爱桥、马世坤、龙行年、韩继斌、彭鹏、苏进平、赵勇、梅汉超等各级负责同志；对武当武术传人田理阳、匡如湖、杜飞虎、李宏、李凯、李艾明、李相锐、李修然、杨文武、杨志远、杨宝生、余荣华、邹强、汪峻、汪兆辉、张凡、张加立、陈师行、陈恭锦、陈盎然、陈祥文、陈理圣、范克平、罗梦桐、罗银山、周霞、胡立清、钟学勇、袁修刚、袁理敏、郭旭阳、郭和任、彭贵州、彭碧波、覃霞、覃献平、曾云、谭大江、陈武星、史飞等民间武术工作者的献策献技；对评审专家张山、吴彬、江百龙、门惠丰、陈顺安、王培锟、刘鸿雁、康戈武、曾于久、温佐惠等名家的科学点评；对编创组成员杨群力、王飞、贾海如，演示成员吕福祥、李娅楠、吴雪琴、赵赞等老师们的心血与成果；对武当山旅游经济特区管委会给予的后勤、经费保障；对人民体育出版社的厚爱等，一并表示衷心的感谢！您们的付出，必将得到社会各界的认同与赞赏，在武当武术标准化建设的发展历程中，永远会留下您们的智慧与才华，再次表示诚挚的谢意！

日月出矣，而爝火不息！引玉之砖，无非想在平静的水面激起微澜而已。书中多有不妥之处，谨祈方家、读者不吝赐教。

编创领导小组

2022年11月

序

习武之人，没有不知道武当山的。这不仅是在于山的盛名，道的圣地，还在于是武当武术的发源地。

武当武术以道家文化为根基，承袭着"天人合一""厚德载物""自强不息"等中国传统哲学的基本精神。武当武术的"神"与"形"，应该是中国传统文化的典型展现。

对武当武术的溯源研究与发扬光大，应当是武术界的重要任务和历史责任。我十分欣喜地看到，湖北的武术同仁在默默耕耘。武当武术"两拳一械"竞赛套路，就是武当武术的一项重要研究成果。

武当武术标准化的设想是2012年提出的，到今天正好10年。我想这项研究成果，应该能够让那时许多参与到武当武术发展进程中的，时刻关心着武当武术的同志们，可以有"十年磨一剑，敢问天下不平事"的畅然了。我认为，对某一武术拳种或流派及其经验，只是用来做传统套路的继承和一定范围的流传固然是有意义的，但如果能够进一步挖掘其现代的适应性，以时代的精神进行创造性转化和创新性发展，必将会使这一拳种或流派的深入发展和造福人类更有意义。

在过去很长的一段时间，武当武术的发展颇为曲折，主要因为武当内部长期也是门派林立、各自为政，导致一个在中国武术史上举足轻重的传统武术流派，反而公众认知度、认同度不高，没有形成与其文化底蕴相匹配的影响力。这项成果的研究者们，以及大力支持的几家单位可以说注意到了这个问题，并且提出了"武当武术标准化"的思路，这对武当武术来说是一大贡献，对中国武术来说也是一大贡献。总结经典、传承经典、创造经典，系统化、科学化、标准化是当前武当武术处理好传承与创新关系的重要切入点，既要继承武当武术的传统文化基因，同时又要在这个基础上实现武当武术的创造性转化和创新性发展，适应现代社会人民群众的需求，适应武当武术发展的需求。

武当武术《"两拳一械"竞赛套路》一书中包含了武当拳、武当剑和武当太乙拳三个套路，其内容秉承了继承发展、博采众长、术论兼顾的创新思想，以此为抓手，继续推动武当武术的社会化、产业化和国际化，推动其成为武当武术文化"柔传播"，成为中华文化对外传播与交流的有力载体，将加快武当传统文化复兴的脚步，为武术、为文化、为中华民族伟大复兴作出应有的贡献。

这项成果是在十堰市、武当山特区、武汉体育学院等多家单位的支持下完成的，是几家单位通力合作、历经寒暑的成果。借此机会，我谨代表国家体育总局武术研究院，向所有参与工作的单位和同仁，表示由衷的感谢！

国家体育总局武术研究院院长　陈恩堂

2022 年 4 月 25 日

目　录

武当太乙拳 …………………………………………（ 1 ）

　一、动作名称 ……………………………………（ 1 ）
　二、基本动作 ……………………………………（ 2 ）
　三、套路动作说明 ………………………………（10）

武当拳 ……………………………………………（33）

　一、动作名称 ……………………………………（33）
　二、基本动作 ……………………………………（34）
　三、套路动作说明 ………………………………（43）

武当剑 ……………………………………………（79）

　一、动作名称 ……………………………………（79）
　二、基本动作 ……………………………………（80）
　三、套路动作说明 ………………………………（85）

武当太乙拳

扫码观看
教学视频

一、动作名称

预备势：自然站立（无极势）
起势：左右旋胯（旋转乾坤）

1. 前蹬后缠（黄蟒吐津）
2. 插掌蹬缠（踏雪寻梅）
3. 提膝推掌（黑虎巡山）
4. 托掌扣腕（青狮抱球）
5. 歇步探掌（金龙盘柱）
6. 左右劈缠（雄鹰探山）
7. 撤步擒摔（仙鹤腾空）
8. 缠肘捋带（豹子含玉）
9. 歇步按掌（醉卧瑶池）
10. 前蹬后缠（黄蟒吐津）
11. 插掌蹬缠（踏雪寻梅）
12. 提膝推掌（黑虎巡山）
13. 托掌扣腕（青狮抱球）
14. 歇步探掌（金龙盘柱）
15. 左右劈缠（雄鹰探山）
16. 撤步擒摔（仙鹤腾空）
17. 缠肘捋带（豹子含玉）
18. 歇步按掌（醉卧瑶池）

收势：胯旋阴阳（抱元守一）

二、基本动作

(一) 手型

1. 八字掌
四指并拢,自然伸直,拇指外展,虎口要圆,形如八字。(图1-1)

2. 扣指掌(劈空掌)
四指并拢,自然伸直,拇指屈扣。(图1-2)

图1-1

图1-2

3. 虎掌(虎爪掌)
拇指外展弯曲,其余四指并拢,使第二、三节指骨弯曲。(图1-3)

4. 龙爪掌
五指分开,梢节微扣,虎口撑圆,掌心凹空。(图1-4)

图1-3

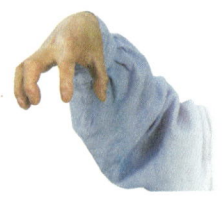

图1-4

(二) 手法

1. 劈掌
由上向下或由下向斜上方侧掌劈击,劲贯掌外沿。(图1-5)

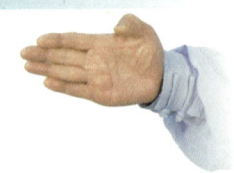

图1-5

2. 戳掌

臂由屈到伸，直腕向前顶击，劲贯指尖。（图1-6）

3. 按掌

由上向下，掌心向下，劲贯掌心。（图1-7）

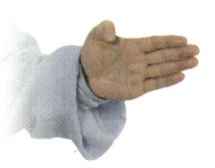

图1-6

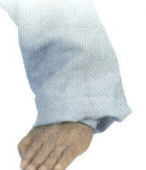

图1-7

4. 缠手

①（正缠手）以腕关节为轴，手掌向上、向外、向下、向内缠绕，同时前臂外旋使虎口向上封闭，拇指领劲。（图1-8）

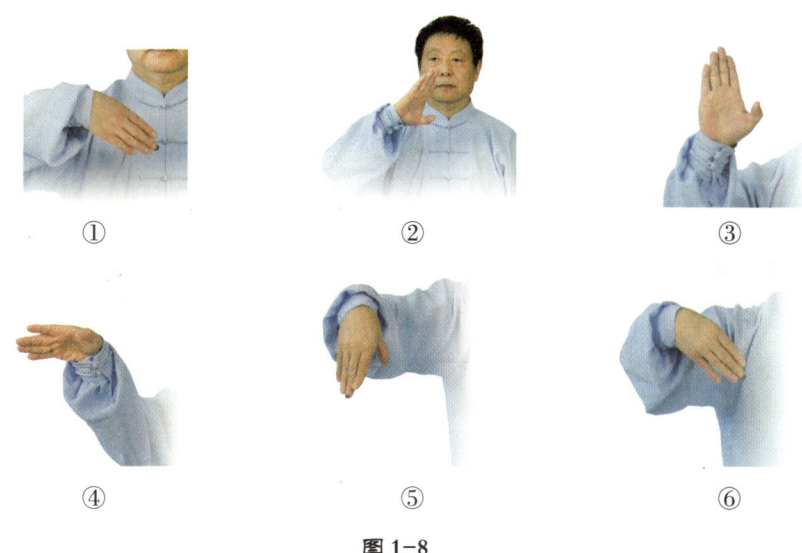

图1-8

②（反缠手）以腕关节为轴，手掌向下、向外、向上、向内缠绕，同时前臂内旋，小指领劲。（图1-9）

①

②

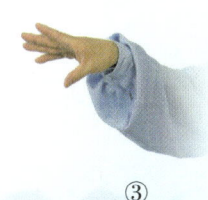

③

 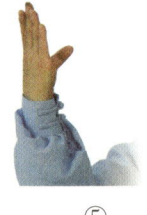 

④　　　　　　　⑤　　　　　　　⑥

图 1-9

5. 插掌

臂由屈到伸，直腕向下或斜下插，劲贯指尖。（图 1-10）

6. 擒扑手

以手擒肩扛，由下向上、向前下方扑按摔出。（图 1-11）

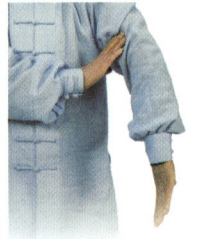 

图 1-10　　　　　　　图 1-11

7. 靠肘

臂略屈、内旋上举向后靠压，掌心向外，劲贯肘尖。（图 1-12）

8. 缠肘

屈臂盘肘，以肩为轴，肘尖向前、向上、向后、向下做立圆缠绕运动。（图 1-13）

图 1-12

①　　　　　②　　　　　③　　　　　④

图 1-13

（三）步型

1. 弓步（熊步裆）

前脚微内扣，全脚着地，屈膝下蹲（膝至胯约成45°斜面），膝部与脚尖基本上下相对；另一腿在后自然挺膝蹬直，脚尖内扣斜向前方，全脚着地。（图1-14）

图1-14

2. 马步（虎步裆）

两脚左右开立，脚尖微向内扣，相距同肩宽，两脚跟与两肘尖（以屈肘贴肋为准）上下相对，屈膝下蹲（膝至胯约成45°斜面）。（图1-15）

3. 仆步（狮步裆）

一腿屈膝全蹲（大腿和小腿相贴），膝与脚尖稍向外展；另一腿挺膝伸直仆出，全脚着地，脚尖内扣。（图1-16）

图1-15

图1-16

4. 虚步（鸦雀裆）

后脚斜向前，屈膝略蹲（膝至胯约成45°斜面），全脚着地；前腿自然挺膝伸直，脚尖内扣，全脚着地。（图1-17）

5. 歇步（盘龙裆）

两腿交叉屈膝全蹲，前脚全脚着地，脚尖外展，后脚跟离地，臀部坐于小腿上，接近脚跟。（图1-18）

图1-17　　图1-18

6. 丁步（含鸡裆）

两腿半蹲，一腿全脚着地支撑，另一腿收拢，脚尖点地靠近支撑脚内侧。（图1-19）

图1-19

7. 半马步

前腿稍屈，脚尖微内扣，后腿下蹲，大腿略高于水平，脚尖向外，两脚距离同马步，重心略偏于后腿。（图1-20）

图1-20

图1-21

8. 独立步（鹤步裆）

支撑腿微屈站立，另一腿在身前或体侧屈膝提起，高与胯平或稍高于胯，由外向内屈勾脚尖。（图1-21）

（四）步法

1. 上步

后脚向前迈步，或一脚原地向前迈半步或一步。

2. 退步

前脚后退一步。

3. 跟步

后脚向前跟进半步。

4. 撤步
前脚或后脚后退半步。

5. 摆步
上步落地时脚尖外摆,与后脚成八字。

6. 扣步
上步落地时脚尖内扣,与后脚成八字。

7. 插步
一脚经支撑脚后横落。

8. 碾脚
以脚跟作轴,脚尖外展或内扣;或以脚前掌作轴,脚跟外展或内转。

9. 括弧势步
①一脚回收至支撑脚内侧,用脚尖或脚跟贴地向前、向外、向后做括弧退步。(图1-22)

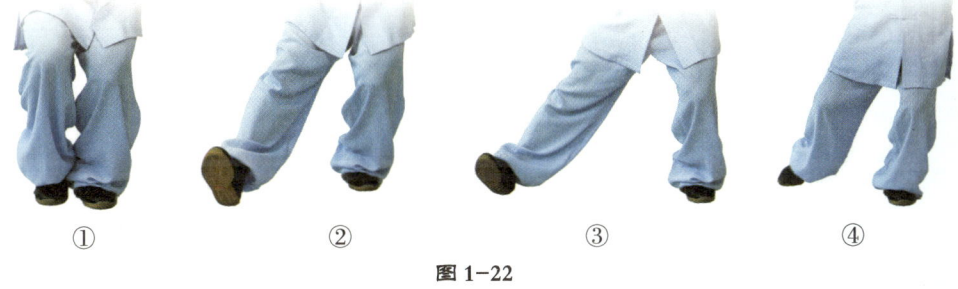

图1-22

②一脚回收至支撑脚内侧,用脚尖贴地向后、向外、向前做括弧上步。(图1-23)

图1-23

（五）腿法

1. 蹬腿

支撑腿微屈。另一腿屈膝提起蹬出，腿微屈，脚尖上勾，劲贯脚跟，蹬腿高度略与脐平。（图1-24）

图1-24

2. 缠腿

支撑腿微屈。另一腿以膝关节为轴，脚跟向内、向后、向外、向前划弧缠腿。（图1-25）

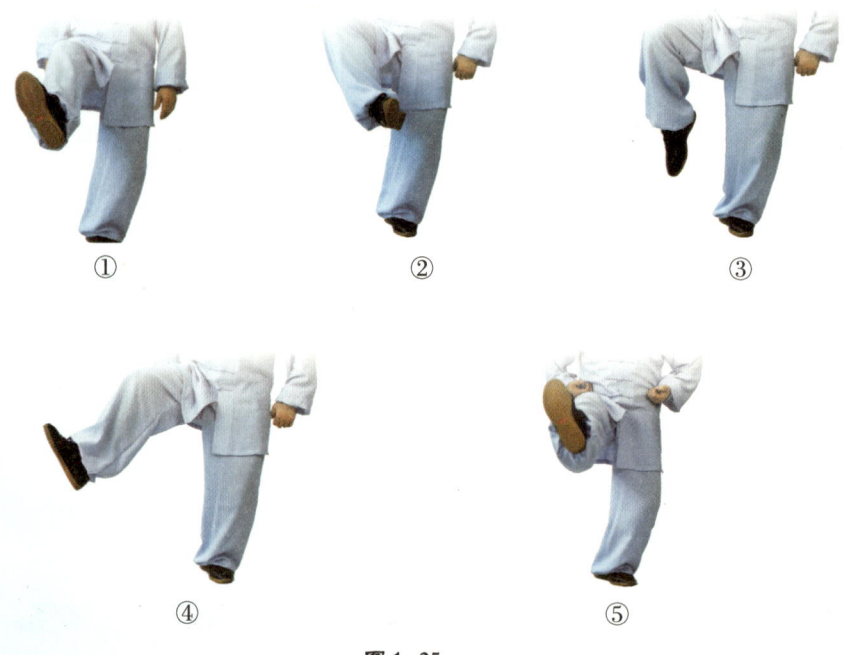

图1-25

（六）身型、身法

1. 身型（图1-26）

头："虚领顶劲"，即头正顶平、下颌微向内收；

颈：自然竖直，肌肉放松；

肩：保持松沉，不可后张或前扣；

肘：自然弯曲下垂，不可僵直或扬起；

胸：平胸微含，舒松自然，不可外挺或故意内缩；

背：阔展拔伸，不可弓背（驼背）；

腰：自然松垂，不可前挺或后弓；

脊：保持正直，不可左歪右斜，前挺后弓；

胯：保持松、缩、正，不可突出歪扭；

臀：略收内敛，不可向后撅起或摇摆；

膝：伸屈自然柔和；

脚：十趾微屈抓地。

正面　　　　　侧面

图1-26

2. 身法

上体端正自然，不偏不倚。周身动作须协调圆活，松柔和缓，完整一气。讲究"腰随胯转"，躯干和四肢一切动作须完全依随胯旋而转换，要求做到"动如蛇之行，柔似蚕作茧"。

（七）眼法

凡动作变化，两眼应与手法、步法、身法协调配合，做到势动神随、意识集中、形神合一、神态自然。定势时，眼平视前方或注视主要的手；动势时，手眼相随或向预定前去的方向注视。（图1-27）

图1-27

三、套路动作说明

（一）动作图解

预备势：自然站立（无极势）

两脚并步、松静站立，两臂自然垂于体侧，肘微屈，两手掌指自然分开成八字掌，中指贴对裤缝，掌心向内，虎口向前；上体沉肩、平胸、直背，头部下颌内收，虚领顶劲；两眼平视。（图1-28）

动作要点：

虚静神凝，百会至会阴上下一条线，松沉自然。

图1-28

图1-29

图1-30

起势：左右旋胯（旋转乾坤）

①身体重心移至右腿，左脚慢慢提起，向左平行开步，两脚相距与肩同宽，两臂慢慢向前向上提起，两掌松垂，掌指向下，与肩相平；两眼平视前方。（图1-29、图1-30）

②两肩向后松沉（即肩关节微向上、向后、向下松沉），同时两掌坐腕前推，与肩相平，力达掌根，沉肩，垂肘；两眼平视。（图1-31）

图1-31

图1-32

③两腿屈膝下蹲成马步；同时两掌下按，掌心向下，虎口相对呈圆形，高与上腹平，两臂仍呈圆弧形；两眼平视。（图1-32）

④胯向左旋，重心移至左腿，两腿由马步转换成左弓步，上体随胯左转；同时两臂仍呈圆弧形向左划弧摆动，两掌由八字掌变为扣指掌（劈空掌），手微上抬，与肩相平，虎口相对，掌心向下；两眼平视。（图1-33、图1-34）

⑤胯向左旋，转腰后坐，重心移至右腿上，成左虚步；两掌由前向后按至胯旁，双臂内旋，指尖对胯，掌心向下，两肘略外撑，两臂呈圆形；两眼平视。（图1-35）

图1-33

图1-34

图1-35

⑥胯向右旋，重心不变，成右弓步；两掌仍置于两胯处；两眼平视。（图1-36、图1-37）

⑦胯向右旋，重心后移，成右虚步；两掌仍置于两胯处；两眼平视。（图1-38）

图1-36

图1-37

图1-38

⑧胯向左旋，重心不变，成左弓步；两掌仍置于两胯处；两眼平视。（图1-39、图1-40）

⑨胯向左旋，重心后移，成左虚步；两掌仍置于两胯处；两眼平视。（图1-41）

图1-39

图1-40

图1-41

动作要点：

①开步提手，含胸沉肩垂肘，舒指坐腕，劲贯掌根；

②马步下按，两手虎口、两臂均保持圆弧形；

③以胯带腰，胯腰领劲、舒膝圆踝，胯走弧形，重心平稳，左右旋胯中分清虚实，动作圆融，顺遂协调。

1. 前蹬后缠（黄蟒吐津）

①身体随胯右旋，左脚尖内扣。随即重心移至左腿，右脚尖外撇，上体随胯右转；左掌由左胯向上、向右下按至身体右胯侧，掌心向下，臂微屈；右掌由胯旁向下、向后、向上划弧反缠手，屈腕垂指翻转成八字掌，屈肘上至右耳侧方，掌心向下。（图1-42～图1-44）

随后重心移至右腿上，稍屈站立，左腿屈膝向前方蹬出，高不过腰，力达脚跟；两眼平视前方。（图1-45）

图1-42　　　　图1-43　　　　图1-44　　　　图1-45

②左脚向后撤步成右弓步。随即右手变虎掌收回腰间，掌心向上，身体左转下蹲成左仆步；左掌沿身体左外侧向后向下穿掌，掌心向上。继而左掌向下、向外、向上、向内划弧反缠手，与肩同高；重心前移成左弓步；目视左手。（图1-46～图1-48）

图1-46　　　　　　图1-47　　　　　　图1-48

动作要点：

①反缠手，以腕为轴，小指领劲；

②支撑腿与蹬腿屈膝，不可伸直，矮裆低架；

③蹬腿时，左脚高度略与腰齐平。

2. 插掌蹬缠（踏雪寻梅）

①重心前移至左腿，右脚随势跟半步踩实，重心再移至右腿；左手做劈掌缠手后变虎掌收至腰间，掌心向上；左腿向左前45°方向屈膝前蹬，高与右膝平，脚尖勾起，力达脚跟；同时右掌向前下插，掌心向左；目视右手。（图1-49～图1-51）

图1-49　　　　　　图1-50　　　　　　图1-51

②左脚向右、向后、向左、向前做缠腿后落脚，重心移至左腿；右手做劈掌缠手后变虎掌收至腰间，掌心向上；右腿向右前45°方向屈膝前蹬，高与左膝平，脚尖勾起，力达脚跟；同时左掌向前下插，掌心向右；目视左手。（图1-52～图1-54）

图1-52　　　　　　图1-53　　　　　　图1-54

动作要点：

①劈缠手均要旋腕，手脚同步；

②支撑腿与蹬腿均屈膝低架；

③落脚前要划弧缠腿。

3. 提膝推掌（黑虎巡山）

承上势，右脚向左、向后、向右、向前做缠腿后落脚，重心移至右腿，右腿稍屈；同时左腿由外向内提膝勾脚；左手做劈掌缠手后变虎掌收至腰间，掌心向上；同时右手向前横掌前推，掌心斜向下，力达掌外沿；两眼平视前方。（图1-55～图1-57）

图1-55

图1-56

图1-57

动作要点：

①提膝腿由外向内屈勾脚尖；

②左手回抽与右手前推要协调一致。

4. 托掌扣腕（青狮抱球）

①左脚前落，以前脚掌为轴内旋，碾脚成摆步；左手前伸向左劈掌；同时右手收回腰间，掌心向上；目视左手。（图1-58）

②左手变虎掌收回腰间，掌心向上，接着右脚由后经左脚内侧以脚跟贴地向前、向右、向后做括弧势上步，上体随胯右转，重心移至右腿，屈膝成右弓步；同时右手随上体向右伸出托掌，虎口向前，掌心向上，与肩相平；左手仍同上势不变；两臂微屈；目视右手。（图1-59、图1-60）

图1-58

图 1-59　　　　　　　图 1-60

③上体随胯拧腰左旋，两腿由右弓步变成左虚步，两脚不动，同时右手臂向上、向前、向下屈肘扣腕，掌指向下成龙爪掌，腕高与头平，左手臂内旋，左手虎掌掌心向下；两眼平视前方。（图 1-61、图 1-61 附图）

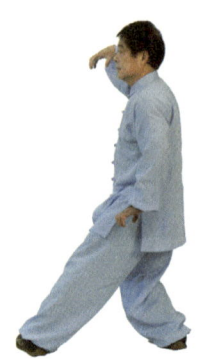　　

图 1-61　　　　　　　图 1-61 附图

动作要点：

①右手龙爪掌与左手虎爪掌方法清楚；

②括弧势上步力点在脚跟；

③左旋拧腰合胯，蓄劲腰胯。

5. 歇步探掌（金龙盘柱）

①左脚尖内扣，重心移向左腿，右脚尖顺势外撇 180°；同时右掌变虎掌由胸前下按至右胯外侧，虎口向内，掌心向下，臂微屈；左手变为扣指掌，由左胯旁向左、向上成环抱势举至身体左侧，虎口向上，掌心向内，与肩相平；目视右手。重心继而移至右腿，身体顺势随胯右后转，两腿微屈成交叉步。（图 1-62、图 1-63）

②两腿交叉屈膝下蹲成歇步；右手下按成虎掌，手臂内旋，掌心向外，力达掌心；左手附于右肘处；目视右手。（图 1-64）

图 1-62

图 1-63

图 1-64

动作要点：

①立身旋转中正、重心调整柔缓；

②屈膝折叠、胯稳腰活平稳，力达虎掌。

6. 左右劈缠（雄鹰探山）

①右手正缠手，左脚向后、向左做括弧势退步与右脚平行停稳，胯稍向右旋，重心移至右腿成右弓步。两臂环抱，两手掌心向内；重心后移成右虚步；目视两掌。（图 1-65、图 1-66）

②两臂环抱势、重心在左腿不变，右脚向前、向左脚内侧做括弧势收步，脚尖点地，脚面绷平，成右丁步；两眼平视。（图 1-67）

图 1-65

图 1-66

图 1-67

③两臂环抱势不变，右脚尖贴地面向后、向右、向前、向左做括弧势勾绊，同时身体随势左转180°，右脚与左脚保持平行停稳。腰胯继续向左旋转，重心移至右腿成左虚步；目视两掌。（图 1-68、图 1-69）

17

"两拳一械"竞赛套路

图 1-68

图 1-69

④重心仍在右腿上；左掌经体前向左上方斜劈后接做正缠手置于上体左侧，与肩相平，掌心向内，虎口向上，臂微屈；左脚收至右脚内侧向后、向左做括弧势一周；同时右手环抱势不变；目视左手。（图 1-70～图 1-73）

图 1-70

图 1-71

图 1-72

图 1-73

⑤重心移至左腿；右掌经体前向右上方斜劈后做正缠手置于上体右侧，与肩相平，掌心向内，虎口向上，臂微屈；右脚回收至左脚内侧向后、向右做括弧势一周；两手虎口向上；目视两手。（图 1-74～图 1-78）

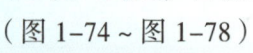
图 1-74

图 1-75

图 1-76

图 1-77

图 1-78

⑥重心移至两腿中间，成马步；两手由上向两侧弧线下落至腰间成虎掌，掌心向上，随即两手同时向上发力，高与胸齐，内外合一；目视两手。（图 1-79～图 1-82）

图 1-79　　　图 1-79 附图　　　图 1-80

图 1-81　　　图 1-81 附图　　　图 1-82

⑦上体随胯右旋，两手成环抱势，重心移至右腿成右弓步。重心再移至左腿成右虚步；两掌以腕为轴，向内翻转成虎掌。身体随胯左旋成左弓步，右脚尖内扣；两手从右至左向前方伸指顶戳击出，成扣指掌，左掌在前，掌心

向右，高与胸平；右掌在后，掌心向左，护于左肘内侧，两臂微屈；目视左掌。（图1-83～图1-85）

图1-83　　　　　　　　图1-84　　　　　　　　　　图1-85

动作要点：

①前脚掌括弧势上步不得离开地面；

②两臂环抱势须肩胯相对；

③劈缠手要有韧劲；发力动作要由内而外，浑身力整；扣指顶戳要慢慢击出，力达掌指。

7. 撤步擒摔（仙鹤腾空）

①重心后移至右腿，成左虚步；两臂由前向后分开至身体两侧，两掌按至胯旁，手臂内旋，掌指对胯，掌心向下，两臂外撑呈圆形；两眼平视。（图1-86）

②上体随胯右后转，两掌由胯两侧外旋屈肘上穿至胸前交叉（右掌在外，左掌在内），掌心均向内；重心移至左腿，成右虚步；两眼平视。（图1-87～图1-89）

图1-86　　　　　图1-87　　　　　图1-88　　　　　图1-89

③身体左后转,重心移至右腿,左脚向右腿后做括弧势退步;同时两掌变虎掌,上提至头部右侧,稍高于肩,右掌心向上,左掌心向外,两臂环屈;目视右掌。(图1-90)

④重心移至左腿,两腿下蹲成半马步;同时两掌由上向前、向下擒拿扑按,左掌在后,右掌在前,掌心向下;两臂微屈;目平视两掌。(图1-91)

图1-90

图1-91

动作要点:

①向后撤步须括弧势退步;

②擒摔与括弧势退步,上下相随,劲在腰胯。

8. 缠肘捋带(豹子含玉)

①重心后移至左腿;两手变掌,左手屈肘内旋按至颈部前,虎口向上,掌心向内;右手屈肘后靠,略高于肩;同时右脚后撤;目视右肘。(图1-92、图1-93)

图1-92

图1-93

②左脚经右脚内侧后撤、右脚再后撤成左半马步；同时右肘向上、向后、向下、向前划弧缠肘，两手（左手掌心向上托掌，右手掌心向外，虎口向左）由左前向右外侧将带，弹抖发力，高与肩平；目视两手。（图1-94、图1-95）

图1-94　　　　　　　　　图1-95

③上体随胯右旋，两手成环抱势，左脚尖内扣，重心移至右腿成右弓步，重心再移至左腿成右虚步。（图1-96、图1-97）

④两掌以腕为轴，向内翻转成虎掌，身体随胯左旋成左弓步；两手从右至左向前方伸指顶戳击出，成扣指掌；左掌在前，掌心向右，高与胸平；右掌在后，掌心向左，护于左肘内侧，两臂微屈；目视左掌。（图1-98）

图1-96　　　　　　图1-97　　　　　　图1-98

动作要点：

①按掌与靠肘，刚而不僵，动作一致；

②撤步与缠肘，柔而不软，协调一致；

③退步与将带，以腰带手，弹抖发力，周身一致。

9. 歇步按掌（醉卧瑶池）

①重心后移至右腿，两腿成左虚步，上体前屈，左脚尖勾起；右掌经左掌向前插掌，左掌回抽，两掌指均向前下方，左掌心向右，右掌心向左；目视两手。（图1-99）

②右手收回腰间，掌心向上。上体随胯左转，左脚尖外摆，两腿交叉屈蹲成歇步；同时左掌经胸前向左上劈掌后变虎掌收回腰间，掌心向上；右掌由腰间上举至头顶后随身体下蹲向下按至身体右侧，掌心向下；目视前方。（图1-100～图1-102）

图1-99

图1-100

图1-101

图1-102

动作要点：

①左手劈掌与右手按掌，稳固沉实，力在掌心；

②屈蹲歇步，注意向左旋腰。

注：动作路线说明

第一趟向左方向运行至第九势"歇步按掌（醉卧瑶池）"做完后，右后转接做前蹬后缠（黄蟒吐津）动作，重复套路动作，由左返回。

10. 前蹬后缠（黄蟒吐津）

如图1-103至图1-108所示。

图 1-103 　　　　　图 1-104 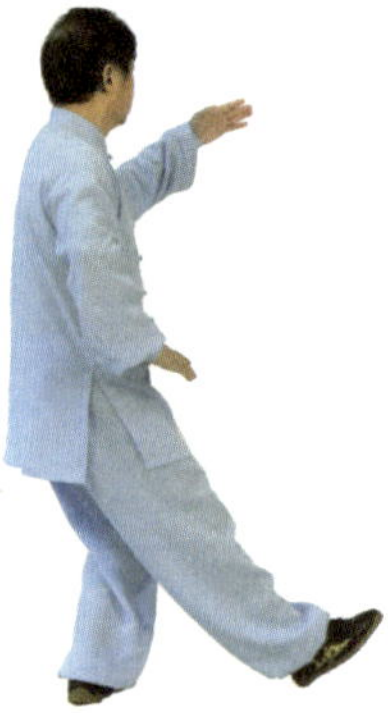　　　　　图 1-105

图 1-106 　　　　　图 1-107 　　　　　图 1-108

11. 插掌蹬缠（踏雪寻梅）

如图 1-109 至图 1-114 所示。

图 1-109　　　　　图 1-110 　　　　　图 1-111

图 1-112

图 1-113

图 1-114

12. 提膝推掌（黑虎巡山）
如图 1-115 至图 1-117 所示。

图 1-115

图 1-116

图 1-117

13. 托掌扣腕（青狮抱球）
如图 1-118 至图 1-121 所示。

图 1-118

图 1-119

"两拳一械"竞赛套路

图 1-120

图 1-121

图 1-121 附图

14. 歇步探掌（金龙盘柱）

如图 1-122 至图 1-124 所示。

图 1-122

图 1-123

图 1-124

15. 左右劈缠（雄鹰探山）

如图 1-125 至图 1-146 所示。

图 1-125

图 1-126

武当太乙拳

图 1-127　　　　　图 1-128　　　　　图 1-129

图 1-130　　　　　图 1-131　　　　　图 1-132

图 1-133　　　　　图 1-134　　　　　图 1-135

"两拳一械"竞赛套路

图 1-136　　　图 1-137　　　图 1-138　　　图 1-139

图 1-140　　　图 1-141　　　图 1-142　　　图 1-143

图 1-144　　　图 1-145　　　图 1-146

16. 撤步擒摔（仙鹤腾空）

如图 1-147 至图 1-152 所示。

图 1-147

图 1-148

图 1-149

图 1-150

图 1-151

图 1-152

17. 缠肘捋带（豹子含玉）

如图 1-153 至图 1-159 所示。

图 1-153

图 1-154

"两拳一械"竞赛套路

图 1-155 　　　　图 1-156 　　　　图 1-157

图 1-158 　　　　图 1-159

18. 歇步按掌（醉卧瑶池）

如图 1-160 至图 1-163 所示。

图 1-160　　图 1-161　　图 1-162　　图 1-163

收势：胯旋阴阳（抱元守一）

①右脚向右上步与左脚平行，两腿下蹲成马步；同时两手经腰间两侧环抱至腹前，两手虎口相对，掌心向下。上体向左后旋转再向右前回转成马步。（图 1-164～图 1-166）

图 1-164

图 1-165

图 1-166

②上体向右后旋转，继而右脚向右后退步，两腿半蹲成马步；同时两掌由体侧外旋，向下经腹前上穿至胸前交叉（右掌在外，左掌在内），掌心均向内；两眼平视前方。（图 1-167、图 1-168）

图 1-167

图 1-168

③身体直起，两掌交叉上举至头部上方，再向身体两侧分开，掌心向下，与肩相平；两眼平视前方。（图 1-169、图 1-170）

图 1-169

图 1-170

④两腿自然站立，膝部微屈；同时两手下落至两胯旁。收左脚并步；两眼平视前方。（图 1-171、图 1-172）

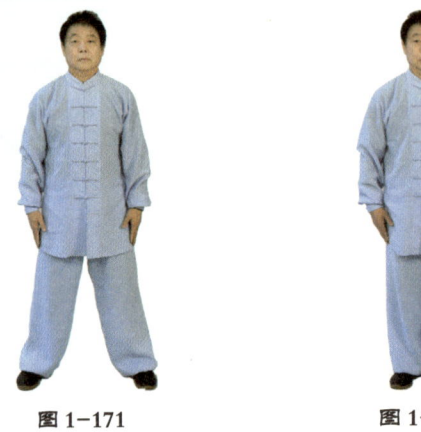

图 1-171　　　　　　图 1-172

动作要点：

①两手保持虎口相对，相距约 20 厘米；

②左右旋胯，松胯活腰，形圆意圆；

③由动而静，立身中正，自然而然。

（二）动作路线

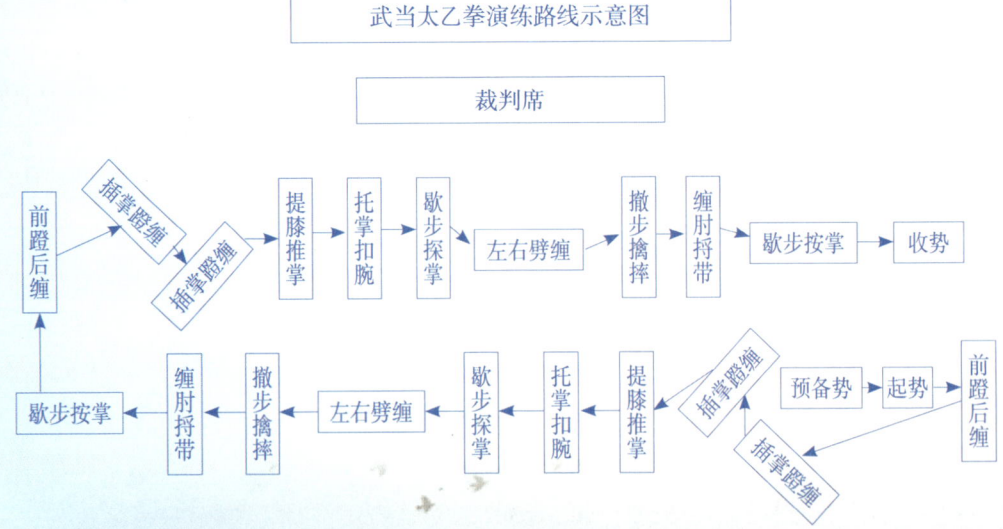

武当拳

扫码观看
教学视频

一、动作名称

预备势：自然站立（无极势）

第一段

1. 起势：两手环抱（混元一气）
2. 左右旋胯（旋转乾坤）
3. 架掌蹬脚（龟蛇同体）
4. 上步掤挤（迎风探袖）
5. 圈步掤掌（金殿转运）
6. 跟步披掌（寒鸡觅食）
7. 骑龙背靠（黑熊反背）
8. 马步托掌（黄龙吐雾）
9. 俯身探爪（青龙探爪）
10. 盖掌冲拳（穿山透石）
11. 马步抱掌（怀中抱月）
12. 上步顶踢（五龙暗渡）
13. 震脚捋带（顺手牵羊）
14. 立身顶肘（道人闩门）

第二段

15. 马步托掌（迎门接客）
16. 点腿插掌（七星射斗）
17. 马步肩靠（野马撞槽）
18. 上步插掌（流星赶月）
19. 转身捯掌（白猿献果）
20. 上步滚肩（狮子滚球）
21. 扣扫横拍（金盆泼水）

第三段

22. 退步反穿（风摆荷叶）
23. 回身揭掌（纯阳脱靴）
24. 缠身滚肘（金蛇绕梁）
25. 仆步反穿（燕子抄水）
26. 虚步推掌（抱虎归山）

第四段

27. 上步钉撩（古树盘根）
28. 旋步横拦（横扫千军）
29. 上步劈掌（劈波斩浪）
30. 上步横拦（道童撞钟）
31. 拗步切掌（黑虎封口）
32. 转身推掌（顺水推舟）
33. 行步掤掌（踏罡步斗）
34. 虚步亮掌（玄龟戏水）
35. 合掌抱圆（抱元守一）
36. 收势（并步直立）

二、基本动作

（一）手型

1. 八字掌

四指并拢，自然伸直，拇指外展，虎口要圆，形如八字。（图2-1）

2. 虎爪掌

拇指外展弯曲，其余四指并拢，使第二、三节指骨弯曲。（图2-2）

图2-1

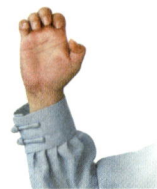

图2-2

3. 龙爪掌

五指分开，梢节微扣，虎口撑圆，掌心凹空。（图2-3）

4. 剑指

中指与食指伸直并拢，其余三指屈于手心，拇指压在无名指第一指节上。（图2-4）

图2-3

图2-4

5. 拳（捶）

五指卷紧，拳面要平，拇指压在食指、中指第二节上。（图2-5）

6. 勾手

手腕内收，五指第一指节捏拢，其型如钩。（图2-6）

图2-5

图2-6

7. 刁手

五指伸直，屈腕内扣。（图 2-7）

图 2-7

（二）手法

1. 按掌

掌心向下，由上向下按，劲贯掌心。（图 2-8）

2. 托掌

掌心向上，仰掌托出，劲贯全掌。（图 2-9）

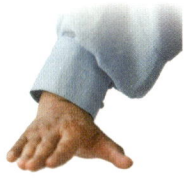

图 2-8

图 2-9

3. 撩掌

掌心向前，直臂向前撩出，劲贯掌心。（图 2-10）

图 2-10

4. 穿掌

掌随臂由屈到伸穿出（向前、向后、向下），劲贯指尖。（图 2-11）

①

②

③

图 2-11

5. 旋掌

以腕关节为轴，手掌由里向外、向上或向下屈臂缠绕或平旋。（图 2-12）

①

②

③

图 2-12

6. 掖掌

掌心向前，指尖向下，向侧下方推击，劲贯掌根。（图 2-13）

7. 推掌

掌由腰间旋臂向前立掌推出，劲贯掌外沿。（图 2-14）

图 2-13

图 2-14

8. 冲拳

拳经腰侧直向前立拳冲出。（图 2-15）

9. ■掌（虎爪掌）

由下向上撩托，劲贯掌根。（图 2-16）

图 2-15

图 2-16

10. 横拦掌

掌从腋下穿出，直臂横拦，掌心向下，劲贯前臂外侧。（图2-17）

11. 横拍掌（虎爪掌）

双掌向左或向右屈臂拍击，掌心向外，劲贯掌根。（图2-18）

图2-17

图2-18

（三）步型

1. 弓步

前脚微内扣，全脚着地、屈膝下蹲（膝至胯约成45°斜面），膝部与脚尖基本相对；另一腿在后自然挺膝蹬直，脚尖内扣斜向前方，全脚着地。（图2-19）

2. 马步

两脚左右开立，脚尖微向内扣，相距同肩宽，两脚跟与两肘尖（以屈肘贴肋为准）分别上下相对，屈膝下蹲（膝至胯成45°斜面）。（图2-20）

图2-19

图2-20

3. 半马步

前腿稍屈，脚尖微内扣，后腿下蹲，大腿略高于水平，脚尖向外，两脚距离同马步，重心略偏于后腿。（图2-21）

4. 仆步

一腿屈膝全蹲（大腿和小腿相贴），膝与脚尖稍向外展；另一腿挺膝伸直仆出，全脚着地，脚尖内扣。（图2-22）

图2-21

图2-22

5. 歇步

两腿交叉屈膝全蹲，前脚全脚着地，脚尖外展，后脚跟离地，臀部坐于小腿上，接近脚跟。（图2-23）

6. 虚步

后脚斜向前，屈膝略蹲（膝至胯约成45°斜面），全脚着地；前腿自然挺膝伸直，脚尖内扣，全脚着地。（图2-24）

图2-23

图2-24

7. 横裆步

两脚左右开立，约同弓步宽，全脚着地，屈膝半蹲，大腿接近水平，两脚尖正对前方，一脚屈膝半蹲，一腿挺膝伸直。（图2-25）

图 2-25

8. 骑龙步

前腿屈膝，后腿屈膝内扣，脚跟提起，宽约三脚。（图 2-26）

9. 跪步

前腿屈膝全蹲，后腿跪落于前脚内侧，但不触及地面，脚跟提起，脚前掌着地。（图 2-27）

图 2-26

图 2-27

10. 龟形步

支撑腿屈膝半蹲，全脚着地，重心落于后脚；前腿微屈，脚跟着地，脚尖勾起。（图 2-28）

（四）步法

1. 上步

后脚向前迈步。

2. 退步

前脚向后退步。

图 2-28

3. 行步（蹚泥步）

两腿微屈，里侧脚向前上步外摆，脚趾扣地，外侧脚擦里侧脚向前上步，脚尖内扣，两脚平起平落，轻灵沉稳，重心不得起伏。（图2-29）

①

②

③

图 2-29

4. 摆扣步

一脚上步外摆，一脚上步内扣。（图2-30）

①

②

图 2-30

5. 插步

一脚经支撑脚后横落。（图2-31）

图 2-31

（五）身型（图 2-32）

头："虚领顶劲"，即头正顶平、下颌微向内收；
颈：自然竖直，肌肉放松；
肩：保持松沉，不可后张或前扣；
肘：自然弯曲下垂，不可僵直或扬起；
胸：平胸微含，舒松自然，不可外挺或故意内缩；
背：阔展拔伸，不可弓背（驼背）；
腰：自然松垂，不可前挺或后弓；
脊：保持正直，不可左歪右斜、前挺后弓；
胯：保持松、缩、正，不可突出歪扭；
臀：略收内敛，不可向后撅起或摇摆；
膝：伸屈自然柔和；
脚：十趾微屈抓地。

正面

侧面

图 2-32

（六）肘法

1. 压肘

屈臂抬肘由上向下或由左向右反臂下压，力达肘尖。（图 2-33）

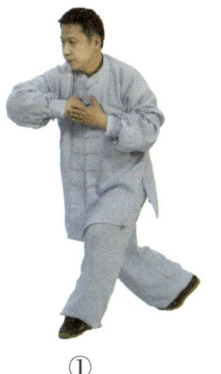
①

②

图 2-33

2. 顶肘

左臂屈肘抬平置于胸前，向左顶击。（图 2-34）

图 2-34

（七）腿法

1. 蹬腿

支撑腿直立或微屈，另一腿提起前蹬，高于腰，劲贯脚跟。（图 2-35）

2. 点腿

提膝顶髋，脚面绷平，脚尖向前或前上方戳击，劲贯脚尖。（图 2-36）

图 2-35

图 2-36

3. 钉腿

脚尖勾起，向前或向侧方由屈到伸顶踢，劲贯前脚掌。（图 2-37）

图 2-37

4. 撩腿

支撑腿直立站稳，另一腿直腿向异侧斜上方撩踢，脚背绷直，劲贯脚背。（图2-38）

5. 前扫腿

支撑腿微蹲，另一腿脚尖内扣，由后向前贴地弧形扣扫。（图2-39）

图 2-38

图 2-39

（八）靠法

腰腿发力，用肩挤靠。（图2-40）

图 2-40

三、套路动作说明

（一）动作图解

预备势：自然站立（无极势）

两脚并步，松静站立，两臂自然垂于体侧，肘微屈，两手掌指自然分开成八字掌，中指贴对裤缝，掌心向内，虎口向前；上体沉肩、平胸、直背，头部下颌内收，虚领顶劲；目光平视。（图2-41）

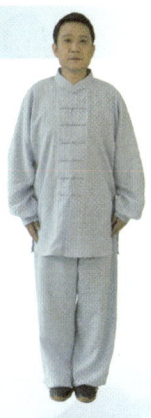

图 2-41

动作要点：

虚静神凝，百会至会阴上下一条线，松沉自然。

第一段

1. 起势：两手环抱（混元一气）

①身体重心移至右腿，左脚向左开步，与肩同宽，重心位于两腿之间，两脚脚尖平行向前。（图2-42）

②两臂内旋，掌心向后，随即两臂侧平举，高与肩平，两肘微屈，两掌心向后；目视前方。（图2-43、图2-44）

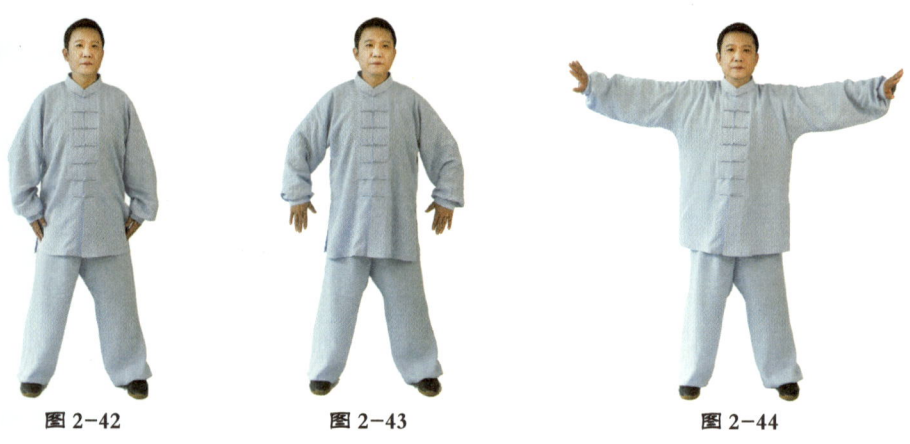

图2-42　　　　　图2-43　　　　　图2-44

③两臂外旋，屈肘回抱，指尖相对，掌心向内。（图2-45）

④屈膝下蹲成马步；同时，前臂内旋，两掌下按至两胯旁，指尖相对，掌心向下，两肘略外撑，两臂呈圆形；两眼平视。（图2-46）

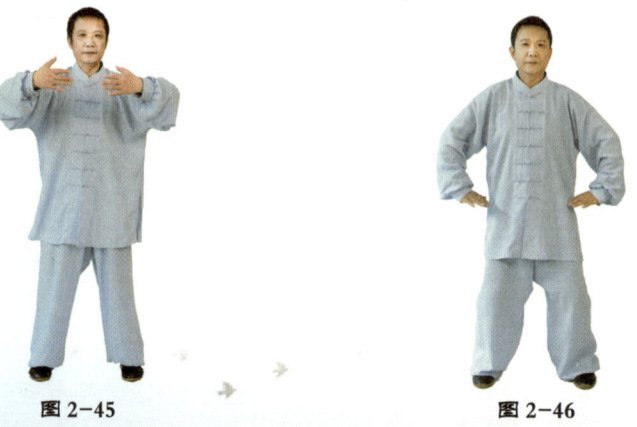

图2-45　　　　　图2-46

动作要点：

①分掌、抱掌、按掌一气呵成，连绵不断；

②重心下落，缓慢平稳；

③按掌力达掌根。

2. 左右旋胯（旋转乾坤）

①胯向左旋，重心移至左腿，两腿由马步转换成左弓步，上体随胯左转；同时两臂仍呈圆弧形置于两胯旁，双脚不动；两眼平视。（图 2-47）

②胯向左旋，转腰后坐，重心移至右腿成左虚步；同时两肩后沉，两臂由前向后分开至身体两侧，两掌随之按至胯旁，手腕内扣，掌指相对，掌心向下，两肘略外张，两臂呈圆形，面向正东；眼平视前方。（图 2-48）

图 2-47　　　　　　　　　图 2-48

③胯向右旋，重心不变，成右弓步；两掌仍置于两胯处；两眼平视。（图 2-49）

④胯向右旋，重心后移，成右虚步；两掌仍置于两胯处；两眼平视。（图 2-50）

图 2-49　　　　　　　　　图 2-50

动作要点：

①开步提手，含胸沉肩垂肘，舒指坐腕，劲贯掌根；

②马步下按，两手虎口、两臂均保持圆弧形；

③以胯带腰，胯腰领劲，舒膝圆踝，胯走弧形，重心平稳，左右旋胯中分清虚实，动作圆融，顺遂协调。

3. 架掌蹬脚（龟蛇同体）

①右脚外摆，双手交叉合抱于胸前（左手在内），掌心向内。（图 2-51）

图 2-51　　　　　　　　　图 2-51 附图

②重心移至右腿，屈膝半蹲；同时，两臂内旋，由上向下弧形分掌，合于腹前，两掌心斜相对；目视双手前方。（图 2-52、图 2-53）

图 2-52　　　　图 2-52 附图　　　　图 2-53　　　图 2-53 附图

③重心上移，提左膝，支撑腿微屈；左手向上撩架置于左额上方，手心向后；同时右手向上托起，置于腹前，手心向上。（图2-54）

图 2-54　　　　　　　　　图 2-54 附图

④蹬左脚，与腰平齐；同时左掌翻掌架于前额上方，掌心斜向上，指尖向右；右掌立掌前推，掌心向前，指尖向上；目视前方。（图2-55）

图 2-55　　　　　　　　　图 2-55 附图

动作要点：

①抱掌、分掌、捧掌、架掌、推掌动作连贯；
②架、推、蹬协调统一，力点准确。

4. 上步掤挤（迎风探袖）

①左腿屈膝下落至右脚内侧；右腿屈膝下蹲；同时左手下落至右肘内侧，左掌心斜向上，右掌心斜向下，双手由前向下捋至腹前；目视前方。（图 2-56）

②重心移至左脚，身体右转；右臂外旋屈肘至胸前，掌心向内，指尖向左；左臂内旋，掌心向外，掌指附于右腕内侧。（图 2-57）

图 2-56　　　　　图 2-57　　　　　图 2-57 附图

③右脚向前迈步，左脚跟步，重心在后；同时，双手快速向前掤挤，力达右前臂；目视前方。（图 2-58）

图 2-58　　　　　图 2-58 附图

动作要点：

①重心转换，虚实分明；

②迈步、跟步快速连贯；

③前掤后撑，对称发力，劲整势沉。

5. 圈步掤掌（金殿转运）

①重心后移，右脚顺势向右斜前方弧形摆步，脚尖外摆，身体顺势右转。（图 2-59）

②重心右移；左脚由左向右后弧形扣扫，落于右脚前方；右脚以前脚掌为轴碾转；上肢保持不变；两眼平视。（图 2-60）

图 2-59　　　　　　图 2-59 附图　　　　　　图 2-60

动作要点：

①两臂掤圆，旋转轻灵圆活；

②扫扣贴地，重心平稳。

6. 跟步掖掌（寒鸡觅食）

①身体左转，重心移至左腿，右脚向前迈步；同时右掌沿顺时针方向托掌平转，虎口向后，略高于肩；左手手指附于右手腕内侧；目视前方。（图 2-61、图 2-62）

图 2-61　　　　　　　　　图 2-62

②右脚向前迈步，左脚跟步，屈膝下蹲成跪步；同时，左手外旋收于腰间，身体右转，向前下方掖掌，掌心向前，掌指向下，高与右膝齐平；目视前方。（图 2-63）

图 2-63

图 2-63 附图

动作要点：
①以腰带臂，旋腕沉肘；
②直腰敛臀，步到掌到。

7. 骑龙背靠（黑熊反背）

承上势，左脚向后撤步，重心移向左腿成右骑龙步，上体左转；同时，两手握拳，左手由下向上经额前内旋拧靠，拳心向外，置于左耳处；右手收于腰间，拳面紧贴腰部，向左靠肘；目视右肘方向。（图 2-64）

图 2-64

动作要点：
①屈臂滚肘，含胸收腹；
②拧腰合胯，力达肩臂。

8. 马步托掌（黄龙吐雾）

①重心右移，身体右转，左脚内扣；右拳变掌屈肘于胸前，掌心向里；左拳变掌向左斜下方后撑，掌心向斜下方。（图 2-65）

②重心左移，右腿向左后方插步；同时，右掌自胸前向左前下方插掌，掌心向上；左掌附于右肘内侧；目视右掌。（图 2-66）

图 2-65

图 2-66

③重心移至右脚，身体向右后旋转；同时，身体随左脚扣脚方向拧腰转身；两臂平展，摆臂拦掌。（图 2-67）

图 2-67

图 2-67 附图

④重心移至左脚，右脚收至左脚内侧，脚尖点地；左臂拦至身体正前方，掌心向右，指尖向前；右臂顺势平搂收于腰间，提掌，掌心向前，指尖向下。（图 2-68）

图 2-68

⑤右脚向前上步，成半马步（四六步）；同时，身体左转，拧腰发力；右手自腰间向前上方托掌，高与肩平；左手收至右肘旁立掌，掌心向前；目视右掌。（图 2-69）

图 2-69

图 2-69 附图

动作要点：

①以腰为轴，步转轻灵；

②托掌发力时，左脚顺势跟进；

③发力迅猛，势沉步稳。

9. 俯身探爪（青龙探爪）

承上势，重心左移成骑龙步，上体前俯下潜；同时右掌变龙爪屈肘由上向左、向下，经胸前、左臂内侧向右下方撩抓，力达爪尖；左手附于右肩内侧；目视右爪。（图 2-70）

图 2-70　　　　　　　　　图 2-70 附图

动作要点：

①低裆沉胯，团身裹背；

②螺旋滚臂，俯身下潜。

10. 盖掌冲拳（穿山透石）

①重心上移，上体右转，重心再左移，收右脚摆步震脚，左脚提扣于右后膝；同时左掌由下向左、向上、向前屈肘下按；右爪外旋屈肘握拳收至腰间，拳心向上。（图 2-71～图 2-73）

图 2-71　　　　　　　　图 2-72　　　　　　　　图 2-73

②左脚上步，右腿蹬直成左弓步；右手立拳向前冲出，与肩齐平；左掌附于右臂内侧；目视右拳。（图 2-74、图 2-75）

动作要点：

①含胸收腹，团身裹背；

②震脚、盖掌、收拳，一气呵成；

③蹬腿冲拳，力达拳面。

图 2-74

图 2-75　　　　　　　　图 2-75 附图

11. 马步抱掌（怀中抱月）

承上势，身体右转，左脚回扣，右脚外摆，重心移至两腿之间成马步；同时，右手随身体右转回带，与左手合抱于胸前呈圆形，高与肩平，两肘外撑，力达肘尖；目视左前方。（图 2-76）

动作要点：

①环抱外撑内裹；
②脚趾抓地，气沉丹田。

图 2-76

12. 上步顶踢（五龙暗渡）

①重心右移，身体左转，左脚尖外摆；同时，双掌内旋，向外撑掌。（图 2-77）

②重心移至左腿，右腿屈膝向前下蹬腿，与膝齐平，力达脚跟；同时，右掌自后向下、向前撩掌，掌心斜向上，力达全掌；左掌顺势附于右肘旁；两眼平视。（图 2-78）

动作要点：

撩掌蹬踢，同步发力。

图 2-77

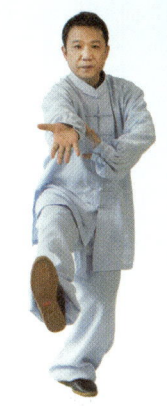

图 2-78　　　　　　　　　图 2-78 附图

13. 震脚捋带（顺手牵羊）

右脚向前落步震脚，左脚提扣于右后膝处，同时身体向右转；左掌外旋，右掌内旋，掌心向外，两掌同时随震脚之势向右外侧捋带；目视左前方。（图 2-79）

图 2-79　　　　　　　　　图 2-79 附图

动作要点：

以腰带臂，横向短促发力。

14. 立身顶肘（道人闩门）

①左脚向左落步，身体右转，重心右移；左臂抬起，屈肘立掌向右搂带；右手下按于右胯旁，指尖向前，掌心向下；目视右前方。（图 2-80）

图 2-80

②重心左移，右脚向左脚后方插步，两膝微屈；右手直臂外旋，由右向左经体前立掌划弧搂带至左肩处，指尖向上，掌心向左；同时，左手经右侧划弧下按掌于左胯处，指尖向前，掌心向下；目视左侧方。（图2-81）

图 2-81

图 2-82

③重心落至右脚，同时左脚向左开步，两膝微屈，身体微右转；左手向上、向前划弧至身体右侧，与肩齐平，右手划弧下按至右胯旁；目视右前方。（图2-82）

④重心移至两脚之间；左掌变拳，拳心向下，然后略向左转体至正前方，同时横臂缓慢顶肘；右掌抬起放于腹前，掌心向上，指尖向左；目视左前方。（图2-83）

图 2-83

图 2-83 附图

动作要点：

①搂带、插步协调圆活；

②沉肩横肘，匀速缓慢，意至肘尖。

第二段

15. 马步托掌（迎门接客）

①两脚开立不动，重心下移成马步；同时，两臂经体前向右、向上、向后抡摆，身体右转；目视右手。（图2-84）

②两掌从右侧经下向前、向左、向后抡摆，身体左转；目视左掌。（图2-85）

图2-84

图2-85

③身体右转，以腰带臂，左手由下向左前上方托掌，与肩齐平，掌心向上，力达全掌；右手横带于身体右侧，略高于肩，掌心向外；目视左掌。（图2-86）

动作要点：

①左右抡摆，两臂同步，以腰带手；

②左托右带，弹抖发力，力达双掌。

图2-86

16. 点腿插掌（七星射斗）

①左脚微扣，重心移至左腿，右脚回收向右摆步落地；右手俯掌向后方划弧顺势穿行至左腋下；左手向右平抹附于右肘上方。（图2-87）

②左脚向右贴地扫扣；同时，右脚以脚前掌为轴向内碾转，身体顺势右转；右掌顺势向右平抹，掌心向下，指尖向前；左掌附于右肘上方；目视右手前方。（图2-88）

图2-87　　　　　　　　图2-88

③左脚向前迈出半步，重心前移至左腿；同时双手左右分掌向后平抹，双手手心向下，置于身体两侧。（图2-89）

④两掌下落回收至腰间，手心向前。（图2-90）

⑤重心移至左腿，左脚脚跟上提，同时右脚提膝后脚尖向前上方点击，力达脚尖，高度过肩；同时右掌上架，掌心向上，指尖向左；左手向前上方插掌，掌心斜向上，置于右脚尖上方；目视左掌。（图2-91）

图2-89　　　　　图2-90　　　　　图2-91

动作要点：

①摆扣扫转快速连贯，平抹掌前伸；

②架掌、插掌、仰身点腿同步。

17. 马步肩靠（野马撞槽）

①右脚落至左腿右后方；同时左手下落，顺势从后经上向前摆臂至头顶前上方；右手向下划弧回落至身体右后方。（图2-92）

②重心移至右腿向后垫步，同时左腿提膝，左脚向左后方落步；左手屈肘并向腋下回穿；右手从后经上向前抡臂划弧，置于头顶右上方。（图2-93～图2-95）

图2-92

图2-93

图2-94

图2-95

③重心下沉后俯身，随后身体左转成左仆步；同时左掌从左腋下向后下方反穿置于左脚上方，掌心向上；右臂内旋掌心向上，置于右上方。（图2-96）

图2-96

图2-96 附图

④重心移至左脚，右脚向左前方上步；同时右掌屈臂回收至体前经左臂下向前、向右划弧直臂拦掌；左掌顺势回收至右胸前，掌心向下；目视前方。（图2-97）

⑤重心移至右腿，左脚向右后方划弧扣扫；同时左手由下向左、向上划弧架于头顶上方；右手屈臂回收，经右耳、右腋下，置于右后腰处。（图2-98、图2-98附图）

图2-97　　　　　　　图2-98　　　　　　图2-98附图

⑥重心移至左脚，右脚向右侧跨步成右半马步；同时右肩顺势前靠；目视右侧。（图2-99、图2-100）

图2-99　　　　　　　　图2-100

动作要点：

①垫步反穿，协调连贯；

②摆扣扫转，左架右穿，快速轻灵；

③马步肩靠以腰带肩，力达肩部。

18. 上步插掌（流星赶月）

①重心后移，右脚向右前方迈半步；同时右手由右向左划弧拦掌，手心向左，指尖向前；左手顺势下落于身体左后方。（图 2-101）

②两脚连续向前迈步；同时两手立掌连续左右前插，指尖向前；目视前方。（图 2-102～图 2-104）

图 2-101

图 2-102

图 2-103

图 2-104

动作要点：

①上步连贯轻灵稳固；

②插掌快速有力，力达指尖。

19. 转身挽掌（白猿献果）

①重心右移，右腿微屈，左脚提扣于右后膝处；左手经腹前由下向上置于右下颌处，掌心向左；右手保持不变。（图 2-105）

图 2-105

②以右脚脚前掌为轴向左后方碾转，身体顺势左转；同时坠肘屈臂，左手托掌至鼻尖内旋平转，头略后仰。（图2-106）

图2-106

图2-106 附图

③左脚向左前方迈步成左弓步；同时左臂抬臂横肘，左掌变爪横刁；右掌变虎掌自后经下向左前上方划弧搋掌，与下颌齐平；目视右掌。（图2-107）

动作要点：

①碾脚、转腰、转掌一气呵成，协调连贯；

②身随脚转，手随身转；

③搋掌刁拿，方法清楚，肘膝相合，力达掌根。

图2-107

20. 上步滚肩（狮子滚球）

①右脚向右前迈步，左脚顺势插步于右脚右后侧；同时右手屈臂回收至右腋后向右下方反穿，右掌变勾手，勾尖向上；左手外旋变掌后向右腋下插掌，掌心向上；目视勾尖。（图2-108）

图2-108

②右手外旋向上屈臂划弧，顺势抬肘，置于脑后，虎口向下；左臂屈肘上托至右下颌处，掌心向上。（图2-109）

图2-109

图2-110

③两脚以脚前掌为轴向左后碾转，同时身体向左后拧转；左手内旋至掌心向上。（图2-110）

④重心移向左腿；右手自脑后向左滚肩缠肘至胸前，左掌继续内旋变爪后，向左横肘刁拿；目视右后方。（图2-111、图2-112）

图2-111　　　　图2-112

图2-113

⑤右脚向右前方迈步，重心右移；同时右手自胸前内旋划弧经下向上摆至身体右侧，高与头齐，掌心向右；左手外旋屈肘收至胸前，掌心向上，指尖向右。（图2-113）

⑥左脚向左前方上步,脚尖外摆,身体左转;同时右手外旋向左侧垂臂格挡,置于体前;左手刁拿,横肘于身体左侧,高与肩平,掌心向左;目视右前方。(图2-114)

动作要点:

①碾步、拧腰、滚肩、旋臂,动作连贯;

②走化旋翻,螺旋翻转;

③吞吐开合,肩走立圆。

21. 扣扫横拍(金盆泼水)

承上势,重心移至左脚,右脚自右向前扫扣于左脚前方,重心在后,身体右转,同时两手变虎掌自左向右横拍掌,左手在前,右手在后,右掌高与肩平,左掌高与胸齐,掌心向右;目视左掌。(图2-115)

图2-114

图2-115

图2-115附图

动作要点:

①扣扫横拍,上下协调,对称用力;

②拧腰切胯,肘膝相合。

第三段

22. 退步反穿(风摆荷叶)

①重心右移,左脚向左后方后撤一步,身体左转;同时两臂顺势向前后平摆,右掌心向上,左掌心向下;目视右掌。(图2-116)

图 2-116

②右脚向右后方后撤一步，身体右转；同时右手屈肘向右腋下方反穿伸出，掌心向上；左手自左向右平摆至体前，掌心向上；目视左掌。（图 2-117）

③左脚向左后方后撤一步，身体左转，同时左手屈肘向左腋下方反穿伸出，掌心向上；右手自右向左平摆至体前，掌心向上；目视左手（图 2-118）

图 2-117

图 2-118

④右脚再向右后方后撤一步，身体右转；同时右手屈肘向右腋下方反穿伸出，掌心向上；左手自左向右平摆至体前，掌心向上；目视右掌。（图 2-119）

图 2-119

⑤提左膝，右脚向后垫步，左脚落于右脚后方；同时左手屈肘向左腋下方反穿，掌心向上；右手自右向左平摆至体前，掌心向上；目视左手。（图 2-120 ~ 图 2-123）

图 2-120

图 2-121

图 2-122

图 2-123

动作要点：

①后撤步左右拧转，由慢到快，由大到小；

②手法步法，走转轻灵，协调同步。

23. 回身撩掌（纯阳脱靴）

①重心移至左腿，身体左转成左弓步；同时，右手自后由下向前撩掌，掌心向上；左手附于右前臂上方；目视前方。（图 2-124）

图 2-124

②重心后移，向前俯身成左骑龙步；同时右手顺势回抽至右肩前，与肩同高，掌心向内；左手向前下揭掌至左膝旁，掌心向外，虎口向下；目视左掌。（图2-125）

动作要点：
①回身下潜，肩胯相合；
②揭掌顶肘，对称用力。

图2-125

24. 缠身滚肘（金蛇绕梁）

①重心移至右腿，左腿提扣至右后膝处；同时左手屈肘由下向上至右下颌，顺势托掌平转。（图2-126、图2-127）

图2-126　　　　　　　　图2-127

②身体左转，左脚向前迈步；同时右手变拳，右肘自后经上向前滚肘下压；左掌附于右拳背上；目视右肘。（图2-128）

图2-128　　　　　　　　图2-128附图

③重心移至左脚，右脚向前上步下蹲成歇步；同时左手变拳，左肘自后经上向前滚肘下压；右掌附于左拳背上；目视左肘。（图2-129）

④左拳变掌，由胸前向前下方揾掌，掌心斜向下；右手回提至右下颌旁，掌心向内，指尖斜向下；目视左手。（图2-130）

图2-129　　　　　　　　　图2-130

动作要点：

①拧腰、滚肩、压肘、揾掌，节节贯穿；

②双肘立圆滚压，步肘协调配合；

③劲藏于内，动作平缓。

25. 仆步反穿（燕子抄水）

①左脚向前迈步，双手顺势前后展开平举，左掌心向右，右掌心向下；目视左掌。（图2-131）

②右脚向前上步，左脚提膝，身体左转；同时右掌收回腰间再向右上方立掌穿出；左掌收回至右臂前；目视右掌。（图2-132、图2-132附图）

图2-131　　　　　图2-132　　　　　图2-132附图

③左脚后撤；左手下落，顺势由后向上向前摆臂至头顶；右手向下划弧回落至身体右后方。（图2-133）

④右脚后撤，重心移至右腿向后垫步，同时左腿提膝，左脚向左后方落步；左手屈肘并向腋下回穿，右手从后经上向前抡臂划弧，置于头顶右上方。（图2-134～图2-136）

图2-133

图2-134

图2-135

图2-136

⑤身体左转成左仆步；同时左掌从左腋下向后下方反穿置于左脚上方，掌心向上；右臂内旋掌心向上，置于右上方；目视左掌。（图2-137）

图2-137

图2-137附图

动作要点：

①撤步、垫步、仆步，动作连贯；
②仆步下穿，沉髋，塌腰，抬头。

26. 虚步推掌（抱虎归山）

①重心左移，身体左转成左弓步；同时右掌向前平搂至左肩处，掌心向内，指尖向左；左掌顺势向后搂手收至后腰处；目视正前方。（图2-138）

图 2-138

图 2-138 附图

②重心移至右腿直立，身体右转，左脚回收至右脚内侧点地；同时左掌从后经下向前、向右搂至右肩外侧；右掌顺势收于左腋下，掌心向下；目视前方。（图2-139）

图 2-139

图 2-139 附图

③右腿屈膝下蹲，左脚前点成左虚步；同时左掌立掌向前推出；右掌提拉至右耳侧，掌心向内，指尖斜向下，右肘略高于肩；目视左掌。（图2-140）

动作要点：
①搂手以腰带臂；
②推掌匀速缓慢。

图 2-140

图 2-140 附图

第四段

27. 上步钉撩（古树盘根）

①重心前移，左脚向前摆步，左腿微屈，右脚顺势向前下方斜钉踢，力达脚前掌；身体稍前俯；同时双手变剑指，顺势置于体侧；目视前下方。（图2-141）

②右腿屈膝收脚经右下向左上方划弧撩踢，重心上移，身体直立；左指上架于头顶；右指置于右腰侧；目视右脚。（图2-142、图2-143）

图 2-141

图 2-142

图 2-143

动作要点：

①钉腿回收缠绕路线清晰；

②斜撩腿直腿鞭击，撩踢过肩，重心稳定。

28. 旋步横拦（横扫千军）

①右脚落地，脚尖内扣，身体左转，重心落于两腿之间；两臂侧平举；目视右手。（图2-144）

图 2-144

②重心右移,左脚向右脚后方插步,身体左转;同时右臂向左直摆至体前,高与肩平,手心向下;左手收至右腋下,手心向下;目视前方。(图2-145)

③屈膝下蹲,两脚以脚前掌为轴向左后方碾转,身体顺势向左后方拧转;同时两手剑指变掌,左掌顺势横拦,力达掌沿,掌心向下;右掌置于胸前,掌心向下;目视拦掌。(图2-146)

④重心上移,身体左转,右脚上步,脚尖内扣;两臂顺势左右侧平展;目视右掌。(图2-147)

图 2-145

图 2-146

图 2-147

动作要点:

①身随步旋,快速连贯;
②横拦掌重心快速下潜;
③直臂横扫,力达掌沿。

29. 上步劈掌(劈波斩浪)

①重心移至左腿,身体微右转,右脚回收至脚尖点地;双手左上右下屈臂合抱;目视右前方。(图2-148)

图 2-148

②右脚向前踏步震脚，左脚跟步；同时右掌自胸前向上、向前划弧劈掌；左手向下划弧收至胸前；目视前方。（图2-149）

动作要点：

①急步前窜，踏步震脚下沉；

②以步催力，立掌前劈，同时发力。

图2-149

30. 上步横拦（道童撞钟）

①重心左移；同时双手左上右下屈臂合抱；目视前方。（图2-150）

② 右脚向前踏步震脚，左脚顺势跟步，身体右转；同时右掌自胸前向右前方抬肘横拦，力达前臂，掌心向内，指尖向左；左掌环抱胸前；目视右掌。（图2-151）

图2-150

图2-151

动作要点：

①急步前窜，踏步震脚下沉；

②以步催力，横掌拦击，同时发力。

31. 拗步切掌（黑虎封口）

①左脚向前摆步；同时左掌前穿，掌心向上，右掌内旋，掌心向下，两掌掌根相叠于左胸前。（图2-152）

图2-152

②左脚以脚前掌为轴向左碾转,右脚提收,身体左转;同时双手以掌根为轴,左手内旋、右手外旋翻转至右胸前,左掌在上,右掌在下;目视右方。(图2-153)

③右脚落于左脚前方;同时左掌向前横切,与肩同高,掌心向下,力达掌外沿;右掌向右回带,掌心向上;目视前方。(图2-154)

图2-153

图2-154

动作要点:

①拧转旋掌,快速协调;

②切掌回带,对称发力。

32. 转身推掌（顺水推舟）

承上势,身体左转,左脚向左前方迈步,成高弓步;同时左掌从左经下向上划弧上架于前额上方,掌心斜向上;右掌经腰间立掌向前推出,掌心向前,与肩同高;目视前方。(图2-155)

图2-155

图2-155附图

动作要点：

身随步变，上格下击，力注掌根。

33. 行步掤掌（踏罡步斗）

①重心前移，右脚向右前方弧形摆步；同时右手外旋，掌心向内，左手下落附于右腕内侧，两臂合抱于胸前。（图2-156）

②重心右移，左脚向右前方弧形扣步，身体右转；上肢保持不变；两眼平视。（图2-157）

③右脚向右前方弧形摆步，身体右转；同时两臂摆至身体右上方。（图2-158）

图2-156

图2-157

图2-158

动作要点：

①弧形摆扣，中正平和；
②步法轻灵，重心平稳。

34. 虚步亮掌（玄龟戏水）

承上势，重心移至右腿，屈膝半蹲，左脚上步勾脚落于右斜前方，脚跟着地，膝部微屈（龟形步）；同时身体左转；左手顺势下按于左胯旁；右手沉肘立掌，掌心向左，与头齐平；目视左前方。（图2-159）

图2-159

动作要点：

①右手手心与左肩斜相对；

②龟步圆胯活腰。

35. 合掌抱圆（抱元守一）

①身体稍右转，随即左转；两手屈肘由胸前经腋下沿两肋向下反穿至身体后方，随即双臂外旋向上平举，双手手心向后。（图 2-160～图 2-162）

图 2-160

图 2-161

图 2-162

②重心移至左腿，右脚收至左腿内侧屈膝并步；同时双臂外旋向上平举，双手手心向前，随即双臂屈肘，两手向前合抱撑圆，掌心向内，指尖相对，高与肩平。（图 2-163、图 2-164）

图 2-163

图 2-164

动作要点：

中正平和，气归丹田。

36. 收势（并步直立）

①重心上移，双腿直立；同时双臂内旋，两掌虎口相对，掌心向下，双掌徐徐下按，落至腹前，指尖相对，掌心向下。（图2-165、图2-166）

②两手分掌分别收于身体两侧，自然下垂；两眼平视。（图2-167）

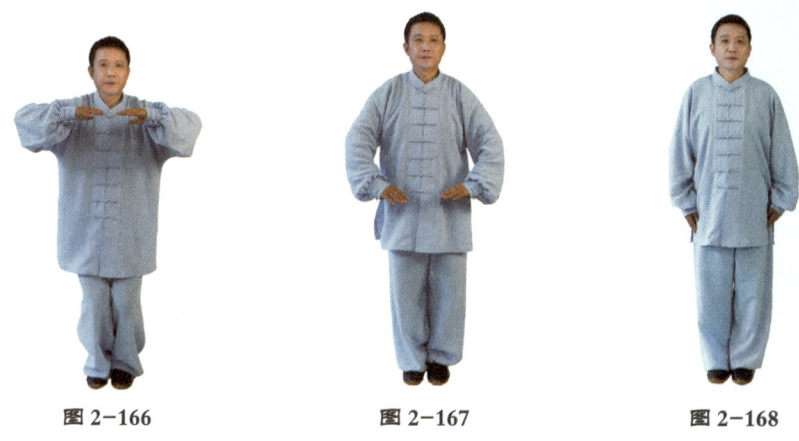

图2-166　　　　　　　图2-167　　　　　　　图2-168

动作要点：

周身放松，静心气沉，体态自然。

（二）动作路线

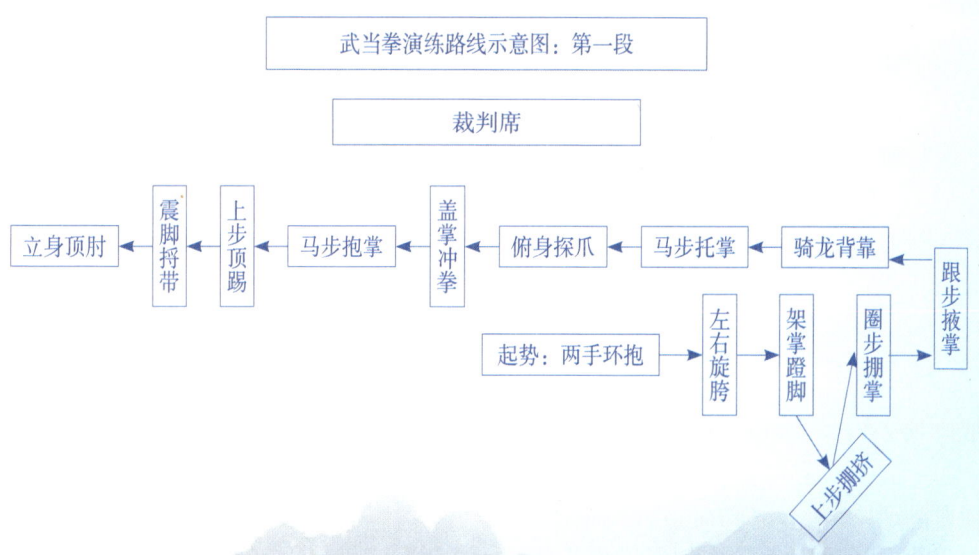

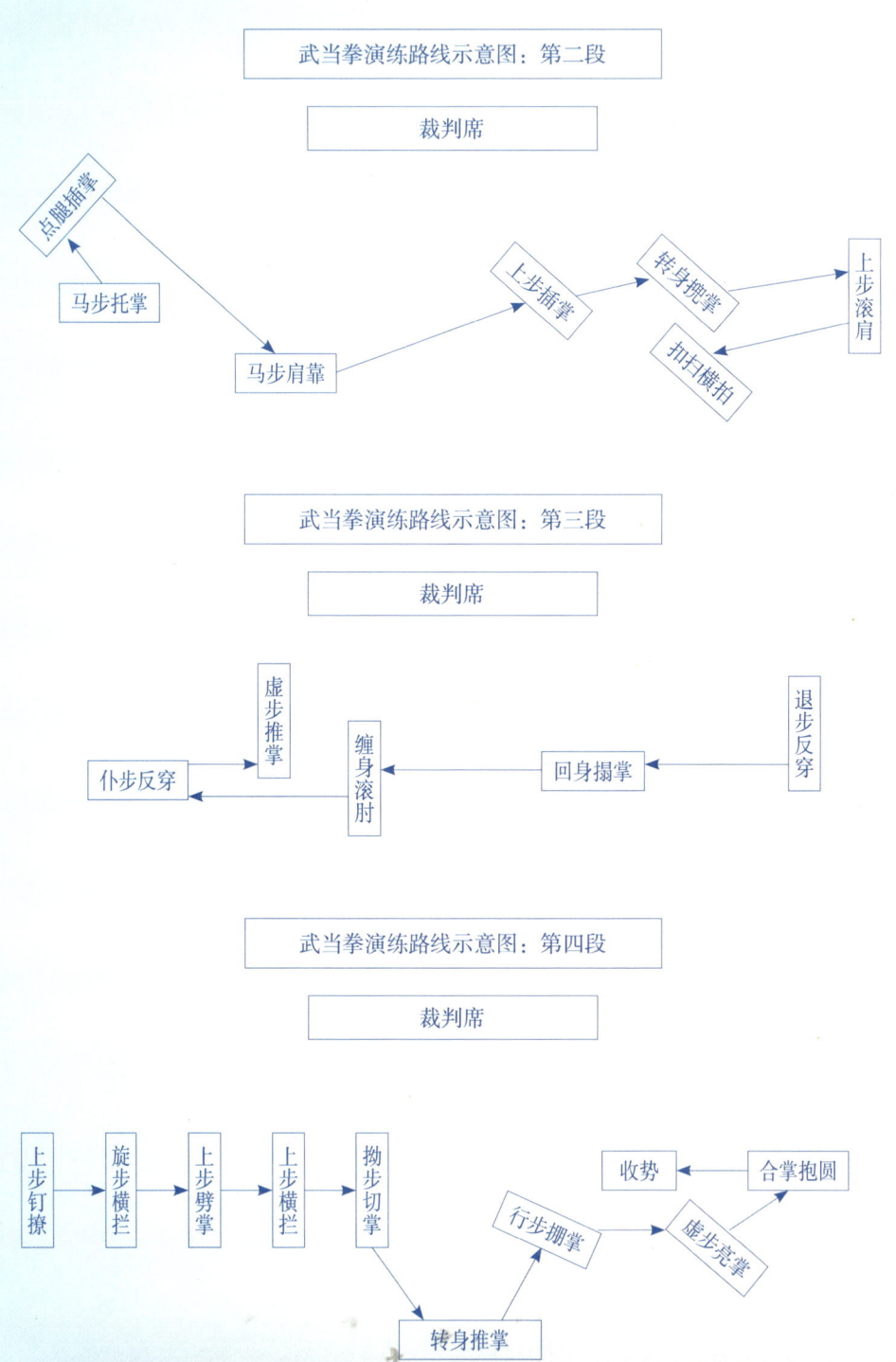

扫码观看
教学视频

一、动作名称

第一段

1. 起势（浑元一气）
2. 持剑转体（拧转乾坤）
3. 提膝抱剑（怀中抱月）
4. 蹬腿格剑（铁牛耕地）
5. 跪步点剑（鸳鸯踩莲）
6. 翻身抽剑（敬德拉鞭）
7. 翻身刺剑（反身探刺）
8. 并步截剑（推舟离海）
9. 跪步下截（怪蟒出洞）
10. 进步绞剑（金鸡斗蟒）
11. 扣步左格（封剑）
12. 上步右格（剃剑）
13. 歇步刺剑（蛟龙入海）
14. 转身刺剑（巧女纫针）

第二段

15. 下蹲抱剑（黄龙翻身）
16. 丁步下刺（青龙戏水）
17. 歇步抱剑（飞鹞穿林）
18. 弹腿平击（流星赶月）
19. 马步崩剑（南山探宝）

第三段

20. 歇步上刺（飞燕入林）
21. 弓步右击（顺步贯耳）
22. 弓步直刺（卧龙伸筋）
23. 提膝前击（蛟龙转身）
24. 上步洗剑（拨草斩蛇）
25. 跟步前刺（白蛇吐芯）
26. 蹬腿前刺（青龙吐须）
27. 虚步下截（白猿献果）

第四段

28. 提膝下截（双龙戏珠）
29. 行步运剑（穿莲行舟）
30. 转身上击（游龙戏水）
31. 歇步下截（潜龙入窟）
32. 转身抹剑（净扫迷雾）
33. 弓步前刺（灵猫捕鼠）
34. 虚步抱剑（乾坤合道）
35. 收势（合剑归元）

二、基本动作

（一）剑的构造和各部位名称（图3-1）

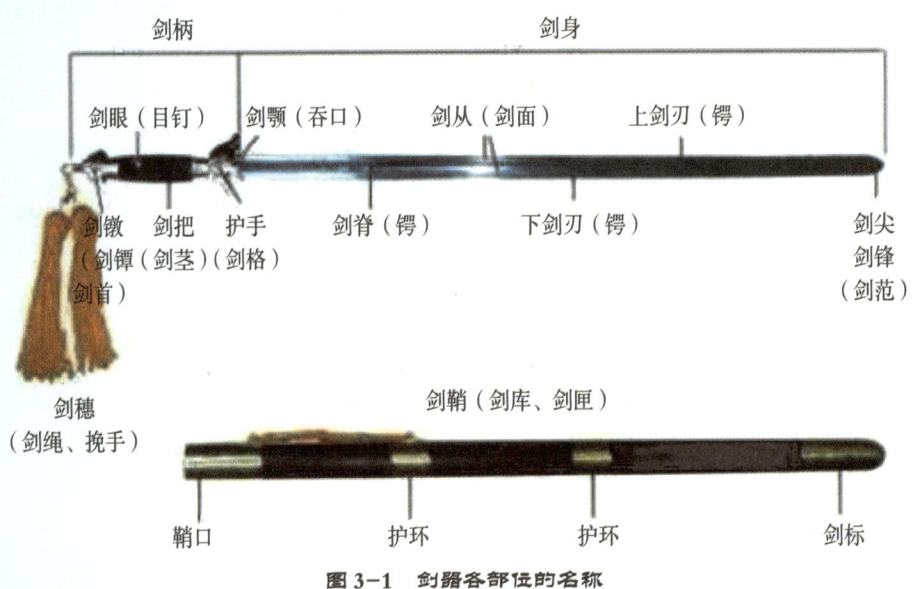

图3-1 剑器各部位的名称

剑尖：剑体前端尖锐部位；

剑刃：剑体两侧锋利部位；

剑脊：剑体中轴隆起部位；

剑从（剑面）：剑脊两侧平面部位；

护手：剑体后面突出的部位；

剑把：剑体后部可用手持握的部位；

剑首：剑体最末端部位；

剑鞘：盛剑的囊鞘。

（二）基本剑法

1. 刺法

进攻剑法。持剑手臂由屈到伸，用剑尖部位沿剑身方向向前进攻，力达剑尖。（图 3-2）

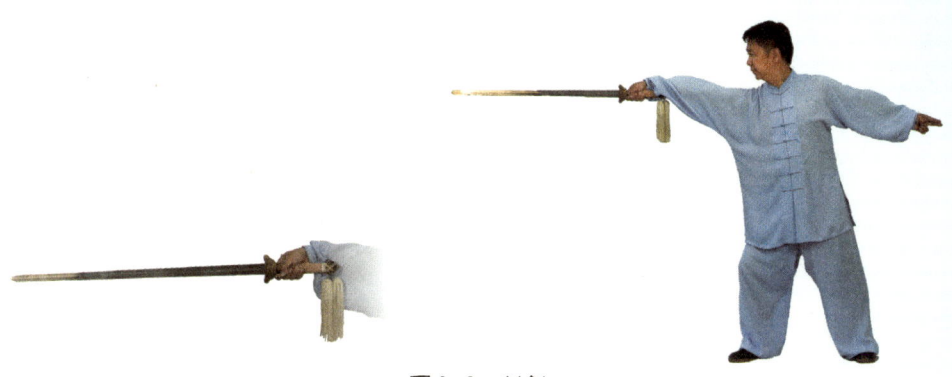

图 3-2　刺剑

2. 击法

进攻剑法。持剑手腕发力，用剑身前端击打。可上击、下击、左击和右击。（图 3-3）

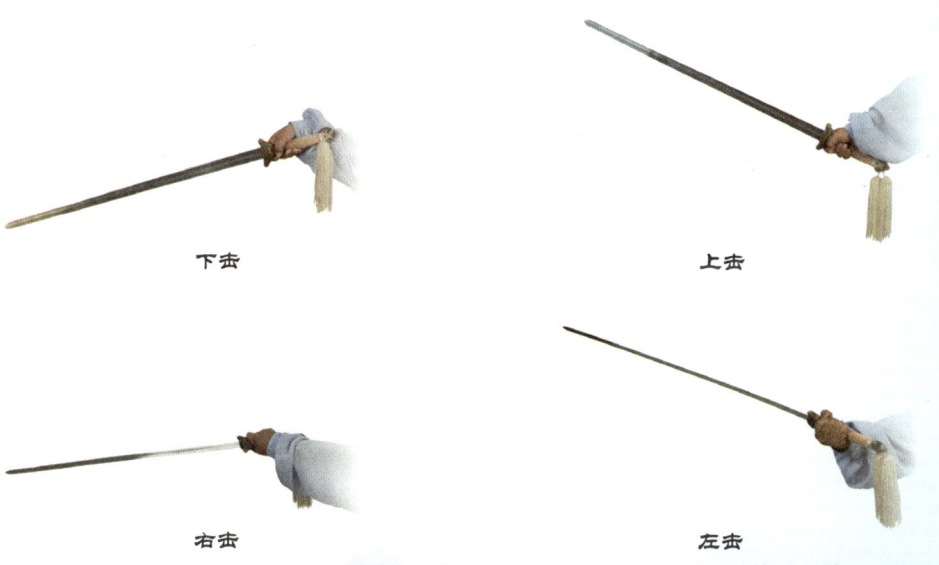

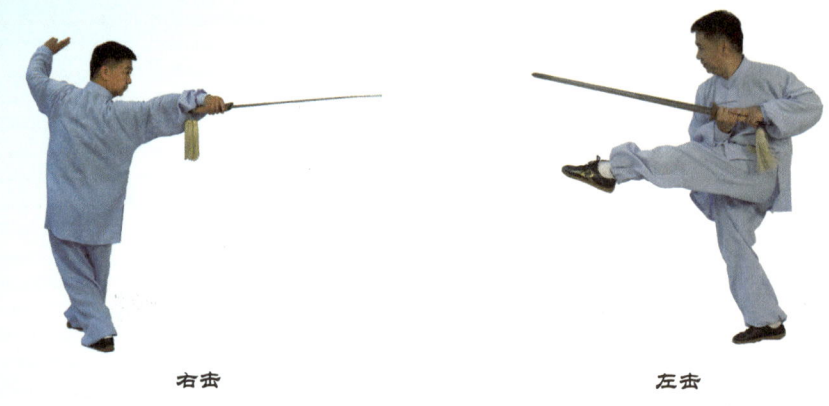

右击　　　　　　　　　　左击

图 3-3　击剑

3. 格法

防守剑法。持剑由前向后平带，用剑身中部内侧防守对方进攻头部的剑法。可向上左格和右格。（图 3-4）

左格　　　　　　　　　　右格

右格　　　　　　　　　　左格

图 3-4　格剑

4. 抹法

防守剑法。持剑弧形抹带，用剑身中部内侧防守对方进攻剑法。可左抹和右抹。（图3-5）

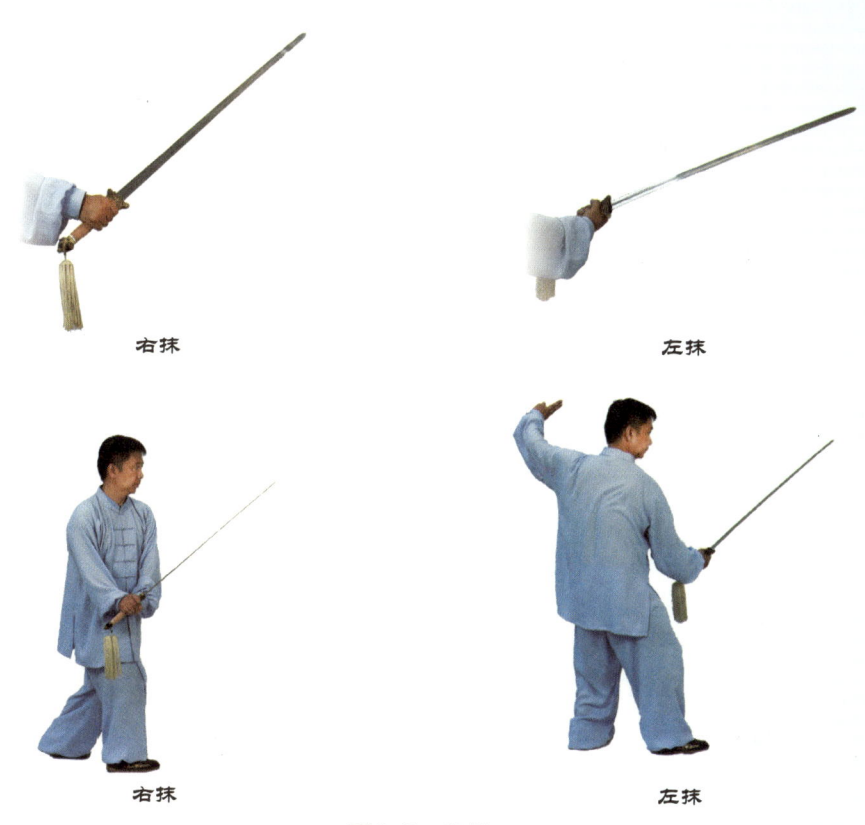

图3-5 抹剑

5. 截法

防守剑法。持剑向下阻击，力达剑身，用剑身中部内侧防守对方进攻的剑法。可左截和右截。（图3-6）

左截　　　　　　　　　　　右截

图 3-6　截剑

6. 洗法

防守反击剑法。持剑手臂由伸到屈，由前向后引带，剑尖高于手腕，随即持剑手臂再由屈到伸，内旋向前击出，力达剑尖前端。（图 3-7）

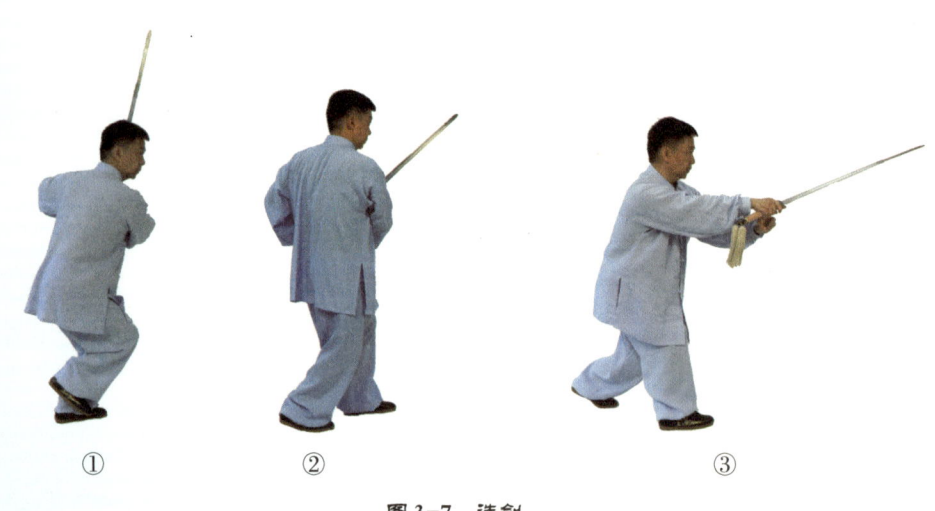

①　　　　　　②　　　　　　③

图 3-7　洗剑

三、套路动作说明

（一）动作图解

第一段

1. 起势（浑元一气）

①两脚并拢站立；两手自然下垂于身体两侧；左手反握剑柄，剑身贴臂；右手剑指指尖向下、手心向后；两眼平视。（图3-8）

②两臂从身体两侧缓慢抬起至与肩相平，手心向下、与肩同宽；两眼平视。（图3-9、图3-10）

图3-8

图3-9

图3-10

③两手向下，落至胯旁，指尖向下，剑身紧贴前臂；两眼平视。（图3-11、图3-12）

图3-11

图3-12

动作要点：

①心静体松，注意力集中在身体动作的感觉和控制上；

②吸气举手，呼气落手；

③气沉丹田，力达两手。

2. 持剑转体（拧转乾坤）

①重心移至右腿，左脚提起，向左开步，两脚相距与肩同宽，重心微下沉；目视前方。（图3-13～图3-15）

图3-13　　　　　　　图3-14　　　　　　　图3-15

②胯向左旋，重心下沉、移至左腿，上体随胯转至左前方；两手由下向上、向前抬至与肩相平。（图3-16、图3-17）

③胯向右旋，重心移至右腿；两手随上体向右旋转。（图3-18）

图3-16　　　　　　　图3-17　　　　　　　图3-18

④胯向右旋，重心移至左腿，成右虚步；双手自然落于胯旁，前臂内旋、指尖向下；两眼平视。（图 3-19、图 3-20）

图 3-19

图 3-20

⑤胯向左旋，重心仍在左腿；右臂外旋，剑指手心向上、置于腹前，随上体左转再举至左上方；两眼平视。（图 3-21、图 3-22）

⑥胯向右旋，身体右转，重心移至右腿，左脚向右脚并步直立；右臂内旋，手心向上；两眼平视。（图 3-23）

图 3-21

图 3-22

图 3-23

动作要点：

①动作圆活，以胯带腰，以腰带身，节节传动；

②重心平稳，左右旋胯中分清虚实；

③劲由丹田起，表现于腰胯拧转，利用腰部左转的反向力量使右手外旋上举，传达于手。

3. 提膝抱剑（怀中抱月）

①左手持剑，手臂外旋，以手腕为轴，随身体右转，剑尖向后、向下、向前、向上逆时针舞花划圆，手心向上，收至左腰间；右手落于右腰间、手心向上；目视左前方。（图3-24～图3-26）

图 3-24　　　　　　　图 3-25　　　　　　　图 3-26

②身体左转，左腿提膝；左手抱剑从腰间收至胸前，手心向上；同时右手从腰间向后、向右、向前屈肘抱于左手处，手心向内；目视左前方。（图3-27）

动作要点：

舞花、提膝、抱剑，腰部拧转，以身带剑，前后连贯。

图 3-27

图 3-28

4. 蹬腿格剑（铁牛耕地）

①左脚落至右脚旁，带动右手收回胸前并接剑。（图3-28）

②屈膝下蹲，同时身体左转；右手持剑前点；左手剑指收于右臂内侧。（图3-29、图3-30）

③上体左转；右手持剑左格，力达剑身；左手剑指附于右手腕处。（图3-31）

④左脚上步，重心前移；右手持剑沿身体左侧向后、向下、向前反撩剑。（图3-32、图3-33）

⑤左腿支撑，右脚前蹬；右手持剑右格，手心向外；左手剑指前推；两眼平视。（图3-34）

图3-29　　　　　　图3-30　　　　　　图3-31

图3-32　　　　　　图3-33　　　　　　图3-34

动作要点：

①点剑、撩剑、格剑、蹬腿在重心升降的过程中动作衔接连贯；

②下蹲时松胯迅速，重心稍前移；

③拧腰切胯，反向求力，格剑蹬腿，力点清晰。

5. 跪步点剑（鸳鸯踩莲）

①右脚落于左脚前，成右歇步；同时身体右转；右臂外旋、抱剑于右肩前，剑尖向上；左手剑指附于右手背上，手心向内；两眼平视。（图 3-35）

②重心移至右腿，左脚上步成跪步；身体左转；右手持剑前点；左手向左后摆动，左臂呈弧形，手心向后，指尖朝左。（图 3-36）

③右脚向前上步；右手收剑抱于右肩前，剑尖向上；左手剑指附于右手背上，手心向内；两眼平视。（图 3-37）

图 3-35　　　　　图 3-36　　　　　图 3-37

④重心略起、移至右腿，左脚上步，身体左转；右手持剑前点；左手向左后摆动，左臂呈弧形，手心向后，指尖朝左。（图 3-38）

⑤重心略起，右脚向前上步；右手收剑抱于右肩前，剑尖向上；左手剑指附于右手背上，手心向内；两眼平视。（图 3-39）

图 3-38　　　　　图 3-39

⑥右腿支撑，左腿提膝，身体左转；右手持剑前点；左手向左后摆动，左臂呈弧形。（图3-40）

⑦右手持剑左格，剑尖向前，收于左肩前，手心向内；左手剑指附于右手腕上，手心向外。（图3-41）

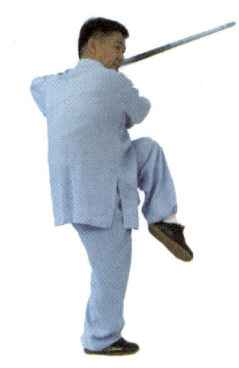

图3-40　　　　　　　　　　　图3-41

⑧屈膝下蹲，左脚向后落地成跪步；同时右手持剑落至胸前立剑前刺。（图3-42、图3-43）

图3-42　　　　　　　　　　　图3-43

动作要点：

①重心由低到高，逐步控制，一气呵成；
②用腰催身，点剑收剑连贯；
③提膝点剑，气沉丹田，力达剑尖。

6. 翻身抽剑（敬德拉鞭）

①重心移至左腿，上体左转，左脚跟内扣，右脚掌旋转；右手持剑，手臂内旋，剑尖方向不变；左手剑指经胸前摆至头部左前上方；目视剑尖。（图3-44）

图3-44

②右脚、左脚向前各上一步；上肢动作不变；目视剑尖。（图3-45、图3-46）

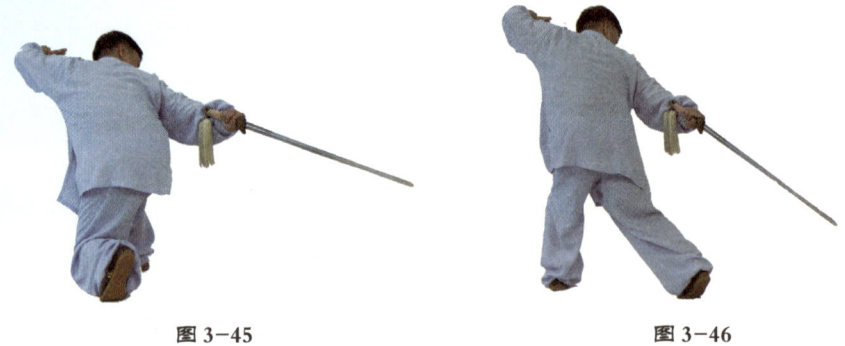

图3-45　　　　　　　　　　图3-46

动作要点：

①重心压低，步法平稳，以身抽剑；

②步法前行，两眼后视剑尖；

③腰胯左拧，滚肩拧腕，力达剑尖。

7. 翻身刺剑（反身探刺）

①右脚上步，脚尖内扣，身体向左后旋转；右手持剑扣剑向下、向上转动；左手剑指摆动至上方。（图3-47、图3-48）

图3-47　　　　　　　　　　图3-48

②随身体左转，右手持剑向下，左手剑指向斜下；目视剑尖。（图3-49）

③身体左转，左腿提膝；右手持剑向前下反刺；左手向后撑开，左臂呈弧形；目视剑尖。（图3-50）

图 3-49

图 3-50

动作要点：

①上步、翻身、探刺，动作连贯；

②翻身时肩走立圆，右腕扣剑，剑走立圆；

③提膝下刺，力达剑尖。

8. 并步截剑（推舟离海）

①左脚向右落步，右脚上步成弓步；右手持剑外旋前点；左手向后摆动，指尖向后。（图 3-51、图 3-52）

图 3-51

图 3-52

②重心后移成半马步；右手持剑收至左额前上方左格剑，力达剑身，手心向内；左手剑指附于右手腕上，手心向外。（图 3-53）

图 3-53

③重心移至左腿，右腿提膝；右手持剑向左、向前下击剑。（图 3-54）

④屈膝微蹲；右手持剑右抹；左手按至左胯旁。（图 3-55）

图 3-54

图 3-55

⑤右脚上步成弓步；右手持剑前刺；左手剑指附于右肘处。（图 3-56）

⑥重心再后移成半马步；右手持剑收至左额前上方左格剑，力达剑身，手心向内；左手剑指附于右手腕上，手心向外。（图 3-57）

图 3-56

图 3-57

⑦重心移至左腿，右脚回收并至左脚，双腿直立；左手剑指向左上方伸开，左臂呈弧形；右手持剑截剑，置于右胯旁。（图 3-58）

动作要点：

①点剑、格剑、截剑、刺剑前后连贯；

②腰胯带身，以身运剑；

③各种剑法应以人体中线为基准进行攻防，力点清晰。

图 3-58

9. 跪步下截（怪蟒出洞）

①上体左转，右脚向后撤步；右手持剑向下、向左前截剑，手心向左上方；目视剑尖。（图3-59、图3-60）

图3-59

图3-60

②左脚后撤一步；右手持剑内旋，剑尖向下、向右上撩击，手心向后；左手从左腰间向左、向上至左额前上方；目视剑尖。（图3-61）

③右脚后撤一步，右手持剑外旋向左前方击剑。（图3-62）

图3-61

图3-62

④左脚、右脚连续后撤一步，身体右转，左脚跟半步下蹲成跪步；同时右手持剑经腹前向右下截击，力达剑刃前端；左手附于右手腕处；目视剑尖。（图3-63、图3-64）

图 3-63　　　　　　　　　图 3-64

动作要点：

①一步一剑，步法与截、击剑法配合协调；

②剑身应斜向下形成防守角度进行截剑；

③截剑后反手向上撩剑，力达右手小指一侧的剑尖。

10. 进步绞剑（金鸡斗蟒）

承上势，身体左转，左、右脚向左前方连续上三步，第三步左脚微内扣；右手持剑向右前方顺时针绞剑三次，手心向上；左手剑指向左上方撑开，左臂呈弧形；目视剑尖。（图 3-65～图 3-67）

图 3-65

图 3-66　　　　　　　　　图 3-67

武当剑

动作要点：

①一步一剑，动作连贯；

②上步绞剑时重心平稳，微向左侧偏移；

③以身带剑，力达剑身的前三分之一处。

11. 扣步左格（封剑）

右脚跟半步，上体左转，重心移至右腿，双膝微屈；右手平剑回格至左肩前，剑尖向右上；左手剑指附于右手腕处；目视剑尖。（图 3-68）

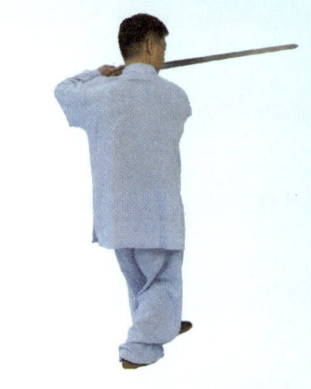

图 3-68

动作要点：

①扣步、拧腰、格剑，同时完成；

②格剑时，剑身斜向上；

③力达剑身中段。

12. 上步右格（剃剑）

①右脚向右上步；右手持剑前刺；左手剑指随之向后平伸。（图 3-69）

②左、右脚向前各上一步，上体右转，重心移至左腿；右手立剑格剑，收至右肩前；左手剑指附于右手腕处；两手心向外；目视剑尖。（图 3-70、图 3-71）

图 3-69

图 3-70

图 3-71

动作要点：

①借上步刺剑的反向力量拧腰格剑，前后连贯；

②连续上步时，重心平稳；

③力达剑身中段。

13. 歇步刺剑（蛟龙入海）

①左脚上步；右手持剑前刺；左手剑指随之向后平伸。（图3-72）

②右、左脚交替向前各上一步。（图3-73、图3-74）

图3-72

图3-73

图3-74

③左脚蹬地起跳，右腿提膝，身体腾空；右手持剑左格收至左肩前，略高于肩；左手剑指附于右手腕处；目视剑尖。（图3-75）

④右脚落地，左脚落于右脚后方成歇步；右手持剑向右下刺，手心向上；左手剑指附于右肘处；目视剑尖。（图3-76）

图3-75

图3-76

动作要点：

①起跳、空中格剑、下刺，前后连贯，身械协调；

②腾空格剑，动作清晰；

③歇步下刺，重心前移，力达剑尖。

14. 转身刺剑（巧女纫针）

①右脚尖内扣，左脚尖外摆，身体向左后转；右臂内旋、扣剑。（图 3-77）

②左脚向左上步成弓步；剑尖随身体左转向左后方平刺，手心向下，左肘下坠；左手剑指附于右手腕处，指尖向上；目视剑尖。（图 3-78）

图 3-77

图 3-78

动作要点：

①腰转、腿蹬、回刺，力量连贯；

②转身时重心平稳；

③回身刺剑，胯稳、腰转，力达剑尖。

第二段

15. 下蹲抱剑（黄龙翻身）

①重心后移，左脚收至右脚内侧，屈膝下蹲成丁步；右手持剑下截，手心向内；左手剑指附于右手腕处。（图 3-79）

②左脚向前上步，重心移至左腿成跪步；剑尖向下、向前上挑，力达剑身。（图 3-80、图 3-81）

图 3-79　　　　　　　图 3-80　　　　　　　图 3-81

③右手持剑向右崩剑，剑柄收至左肩前，力达剑尖，手心向内；左手剑指附于剑柄处；目视剑尖。（图3-82）

动作要点：

①下蹲、左脚前移时重心平稳，以腰带剑；

图3-82

②转身崩剑时，剑走立圆，身让剑行；

③截剑力达剑身中段，崩剑力达剑刃一侧。

16. 丁步下刺（青龙戏水）

①重心移至两腿间；右手持剑收至胸前；左手剑指附于右手腕处。（图3-83）

②左脚向右脚后方插步；右手持剑前刺；左手向后平伸。（图3-84）

图3-83　　　　　　　　　图3-84

③重心移至左腿；右手持剑收至胸前；左手剑指附于右手腕处。（图3-85）

图3-85

④右脚上步；右手持剑前刺；左手向后平伸。（图 3-86）

⑤左脚上步，随后垫步，右腿提膝；右手持剑左格，手臂外旋收至左肩前；左手剑指附于右手腕处。（图 3-87、图 3-88）

图 3-86

图 3-87

图 3-88

⑥右脚前落，重心移至右腿，左脚跟步成丁步；右手持剑经右腰间向前下刺；左手向后上方平伸；目视剑尖。（图 3-89）

动作要点：
①一步一刺，格剑、刺剑攻防有序；
②垫步提膝格剑，动作完整；
③格剑、刺剑时，力点准确，变化清晰。

图 3-89

17. 歇步抱剑（飞鹞穿林）

①左脚向左后方撤步；右手持剑左绞。（图 3-90）

图 3-90

②右脚后撤成左歇步；右手持剑抹剑抱于胸前，手心向内；左手剑指附于右手腕处，目视剑尖。（图3-91）

动作要点：

①重心平稳，转换顺畅；抱剑时身体前倾；

②绞剑、抹剑和抱剑前后连贯；

③绞剑、抹剑以身带剑，力达剑身中段。

图3-91

18. 弹腿平击（流星赶月）

①右脚上步；右手持剑前刺；左手向后平伸。（图3-92）

图3-92

②左、右脚向前各上一步；上体右转；右手持剑右格，左手剑指附于右手腕处，两手心向外。（图3-93、图3-94）

图3-93　　　　　　　　图3-94

③右脚上步，向前垫步，左腿弹腿；上体左转；右手持剑向左前方侧击，剑尖向前，手心向上。（图3-95）

图3-95

动作要点：

①弓步前刺、格剑、弹腿等动作迅速，重心平稳；
②弹腿击剑时，重心稍向前倾；
③持剑侧击时，力由右向左贯穿，达剑刃一侧。

19. 马步崩剑（南山探宝）

①左脚落地，右脚上步，左脚向右脚后方插步；右手持剑前刺；左手向左上方上架，手臂成弧形。（图3-96）

②左脚向左撤步成半马步；右手持剑崩剑，剑尖向右上方，剑柄位于右膝内侧；目视剑尖。（图3-97）

图3-96　　　　　　　　图3-97

动作要点：

①刺剑、崩剑动作，重心前后连贯，攻防转换清楚；
②插步时重心偏左，便于动作回移成半马步；
③重心回移成半马步时，力达剑刃，完成崩剑。

第三段

20. 歇步上刺（飞燕入林）

①重心移至右腿成弓步；右手持剑前点；左手向后平伸；目视剑尖。（图3-98）

②重心回移；右手持剑收至右膝外侧；左手向左上架，手臂呈弧形。（图3-99）

图3-98　　　　　　　　　　图3-99

③右腿支撑，左腿提膝；右手持剑经头顶向左反刺，重心向左偏移；左手收于右肩前；目视剑尖。（图3-100）

④左脚向左落步，脚尖外摆；右手持剑向下收于右腰间；左手指尖向左。（图3-101）

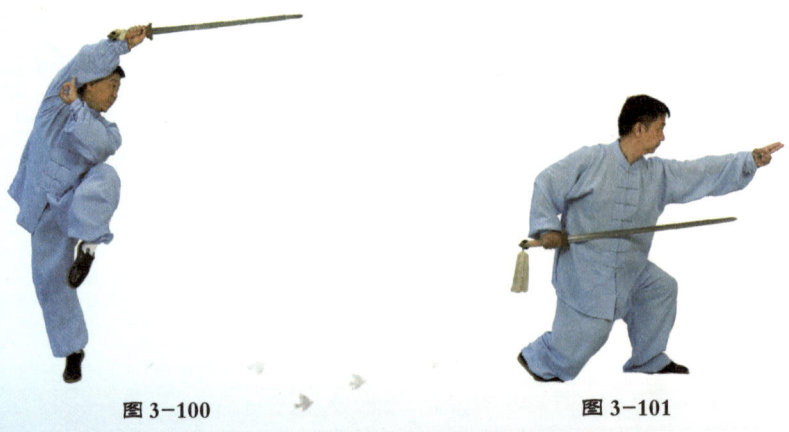

图3-100　　　　　　　　　　图3-101

⑤上体左转，下蹲成左歇步；右手持剑向前上方挑刺；左手剑指收至左腰处，手心向下；目视剑尖。（图3-102）

动作要点：

①右左带动，以腰为轴；高低起伏动作连贯；

②提膝反刺，剑身接近水平，力达剑尖；

③歇步上刺，手臂与剑约成90°夹角。

图3-102

21. 弓步右击（顺步贯耳）

①右手持剑下压，手心向下。（图3-103）

②右脚向右前方上步成马步；右手持剑收于膝前；左手自然下落；目视剑尖。（图3-104）

③重心移至右腿成弓步，上体微右转；右手持剑向右上削击、手心向上；左手向后伸；目视剑尖。（图3-105）

图3-103

图3-104

图3-105

动作要点：

①压剑、削剑轻巧灵活；

②歇步接弓步时，重心转换平稳；

③压剑力点在剑身中段，削剑力点在剑刃一侧。

22. 弓步直刺（卧龙伸筋）

①重心左移成马步，上体向左侧身；右手持剑向右、向后、向左平云，手心向下，收至胸前。（图 3-106）

②左脚向右脚后方插步；右手持剑向右平斩，手心向下；左手向后平伸；目视剑尖。（图 3-107）

图 3-106

图 3-107

③左脚向右垫步，右腿提膝；右手持剑回收至腹下，坐腕下截；左手剑指附于右手腕处。（图 3-108）

④右脚向前落地成弓步；右手持剑前刺；左手向后平伸；目视剑尖。（图 3-109）

图 3-108

图 3-109

动作要点：

①以腰为轴催动剑法，在步法前移中，云、斩、截和刺等剑法动作连贯；

②在插步、垫步提膝时，重心倾向移动方向，便于动作衔接；

③云、斩、截和刺等剑法转换有序，力点清晰。

23. 提膝前击（蛟龙转身）

①上体右转，右臂外旋，手心向上，重心回移，右手持剑内旋回收；左手剑指收至头部左侧；目视剑尖。（图3-110）

②右腿支撑，左腿提膝，上体左转；右手持剑向前点击；左手剑指附于右手腕处；目视剑尖。（图3-111）

图3-110

图3-111

动作要点：

①重心后移、上移、提膝前点，力量连贯；

②提膝和向前点击同时完成；

③提膝时重心前移，力达剑刃前端。

24. 上步洗剑（拨草斩蛇）

①左脚向前落步，右脚跟半步，上体左转；右手持剑上步洗剑，收至左肩前，剑尖向前上方，手心向内；左手剑指附于剑柄处，手心向外。（图3-112）

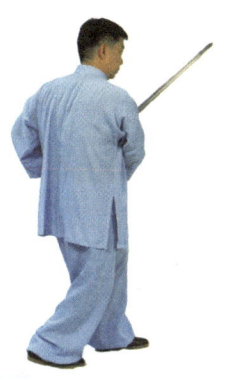
图3-112

②右脚上步，左脚跟半步，重心移至右腿；右手持剑向前、向右方侧击，手心向下；目视剑尖。（图 3-113、图 3-114）

图 3-113

图 3-114

动作要点：
①提膝、落步前行时，重心平稳，以腰带剑；
②洗剑、上步、侧击连贯完整；
③洗剑的力点由剑身中段向剑刃前侧转移。

25. 跟步前刺（白蛇吐芯）

①右脚上步，左脚收至右脚内侧，上体略右转；右手持剑右抹收至右腰间，剑尖向前上方，手心向下。（图 3-115）

图 3-115

②左脚上步，右脚跟半步；右手持剑前刺，左手剑指架于头顶上方；目视剑尖。（图3-116、图3-117）

图3-116

图3-117

动作要点：

①右抹防守，前刺进攻，步法催动；

②步法有序，剑法连贯，先防后攻，力点清晰。

26. 蹬腿前刺（青龙吐须）

①左、右、左脚连续向前上三步；两手向下、经身体两侧向上提至耳旁，右手持剑，剑身平直，剑尖、指尖向前。（图3-118～图3-120）

图3-118

图3-119

图3-120

②右腿前蹬，上体略前俯；同时右手持剑向前贯刺、手心向下；左手剑指附于右手腕处。（图3-121）

图3-121

动作要点：

①压剑、刺剑和蹬腿，动作连贯；

②上步、跟步，连贯平稳；

③蹬腿力达脚跟，刺剑力达剑尖。

27. 虚步下截（白猿献果）

①右脚向后落地，左脚并于右脚侧，上体右转；右手持剑右抹，剑尖向前，收于右腰间，手心向下。（图3-122）

②右脚向后撤步；右手持剑向左、向前平抹；左手剑指架至头部左上方。（图3-123）

图3-122 图3-123

③身体向右后旋转，重心移至右腿；右手持剑向下、向上、向右反撩；左手落于左下方。（图 3-124、图 3-125）

图 3-124　　　　　　　　　　　　图 3-125

④重心移至左腿，上体右转；右手持剑上格；左手剑指置于腹前。（图 3-126）

⑤上体左转，右脚提点，左腿屈膝下蹲成右虚步；右手持剑截剑，剑柄收至右膝内侧；左手提肘收于左腰间，手心向内。（图 3-127）

图 3-126　　　　　　　　　　　　图 3-127

动作要点：

①左右抹剑、反撩剑和截剑，剑法清晰流畅；

②重心移动，退步连贯。

第四段

28. 提膝下截（双龙戏珠）

①左腿直立，重心上移，右腿提膝，上体右转；右手持剑上提，剑尖向左，手心向外；左手剑指附于右手腕处。（图3-128）

图 3-128

②右脚向右上步，上体右转，重心移至左腿，身体左转成左弓步；同时右手持剑向右下方向后、向右、经头顶划弧云剑，再左截，手心向上；左手剑指附于右肘内侧处。（图3-129～图3-131）

图 3-129　　　　　　　　图 3-130　　　　　　　　图 3-131

③重心移至右腿，右腿支撑，左腿提膝；右手持剑内旋，向右、向后、向左，经头顶向右下截剑，手心向下；左手剑指置于头部左上方；目视剑尖。（图3-132、图3-133）

图 3-132　　　　　　　　　　图 3-133

动作要点：

①重心起伏、左右转换时，运力平稳；

②云剑时，屈膝下蹲，为左弓步截剑做好准备；

③在弓步和提膝的动作转换中，沉稳连贯。

29. 行步运剑（穿莲行舟）

①身体稍右转，左脚向左落步成左仆步；同时右手持剑向下、向左、向上横架于头顶，剑尖向左；左手剑指附于右肩前。（图 3-134）

②重心移至左腿，右脚、左脚连续向右前方弧形上七步；同时右手持剑向后、向下、向前于第二步格剑，左手附于右手腕；第三步顺步前刺，左手后伸；第七步向上、向后回身点剑，左手上架。（图 3-135～图 3-143）

图 3-134

图 3-135　　　　　　　　　　图 3-136

"两拳一械"竞赛套路

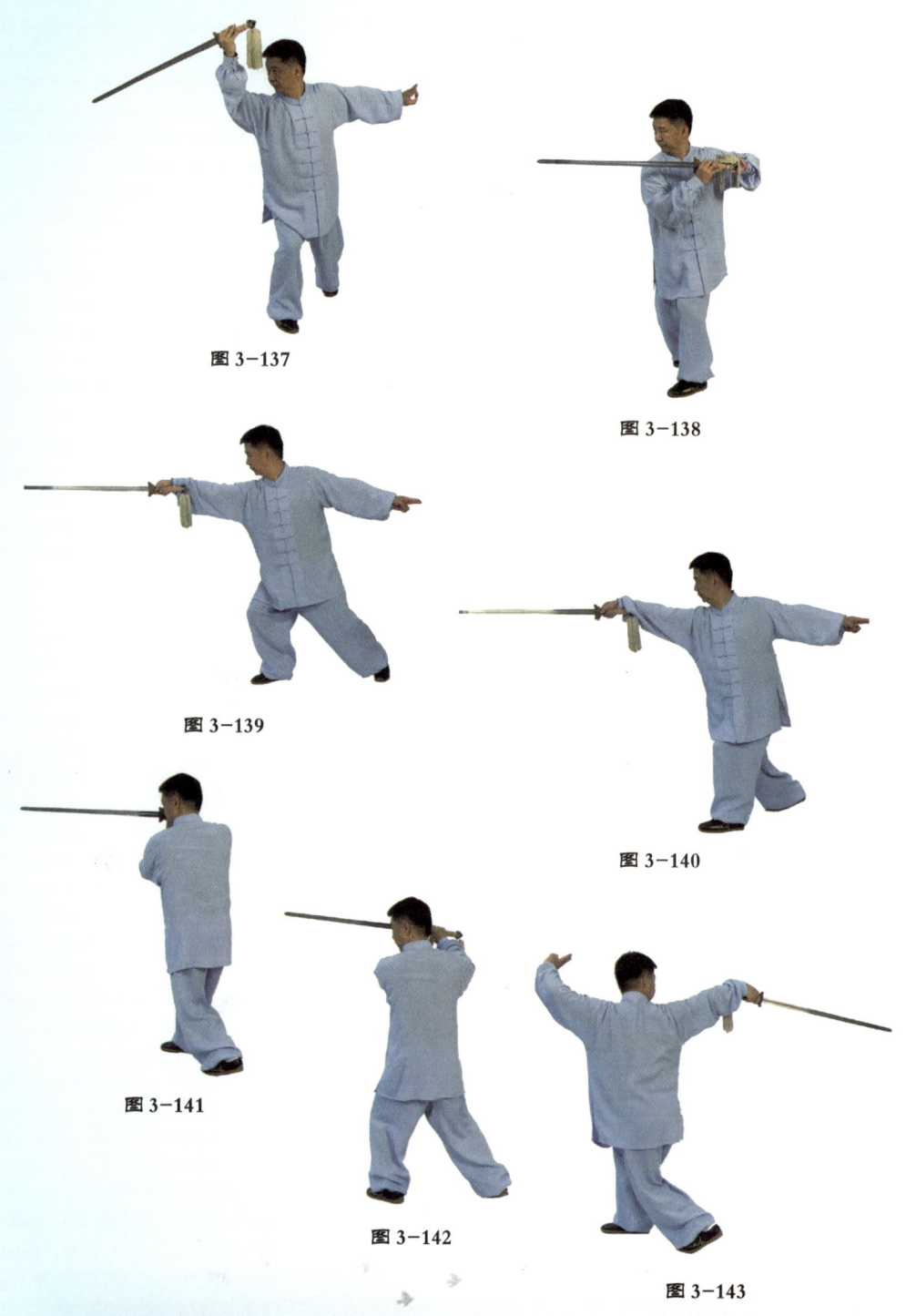

图 3-137

图 3-138

图 3-139

图 3-140

图 3-141

图 3-142

图 3-143

③身体左转，左脚向左前摆步，右手扣剑收于右腰处，剑尖向左，随后向左前方弧形上五步；同时右手持剑于第四步向右平刺，右臂外旋，手心向上，左手附于右肩内侧；第五步以剑尖为轴、身体向左后翻身。（图3-144～图3-150）

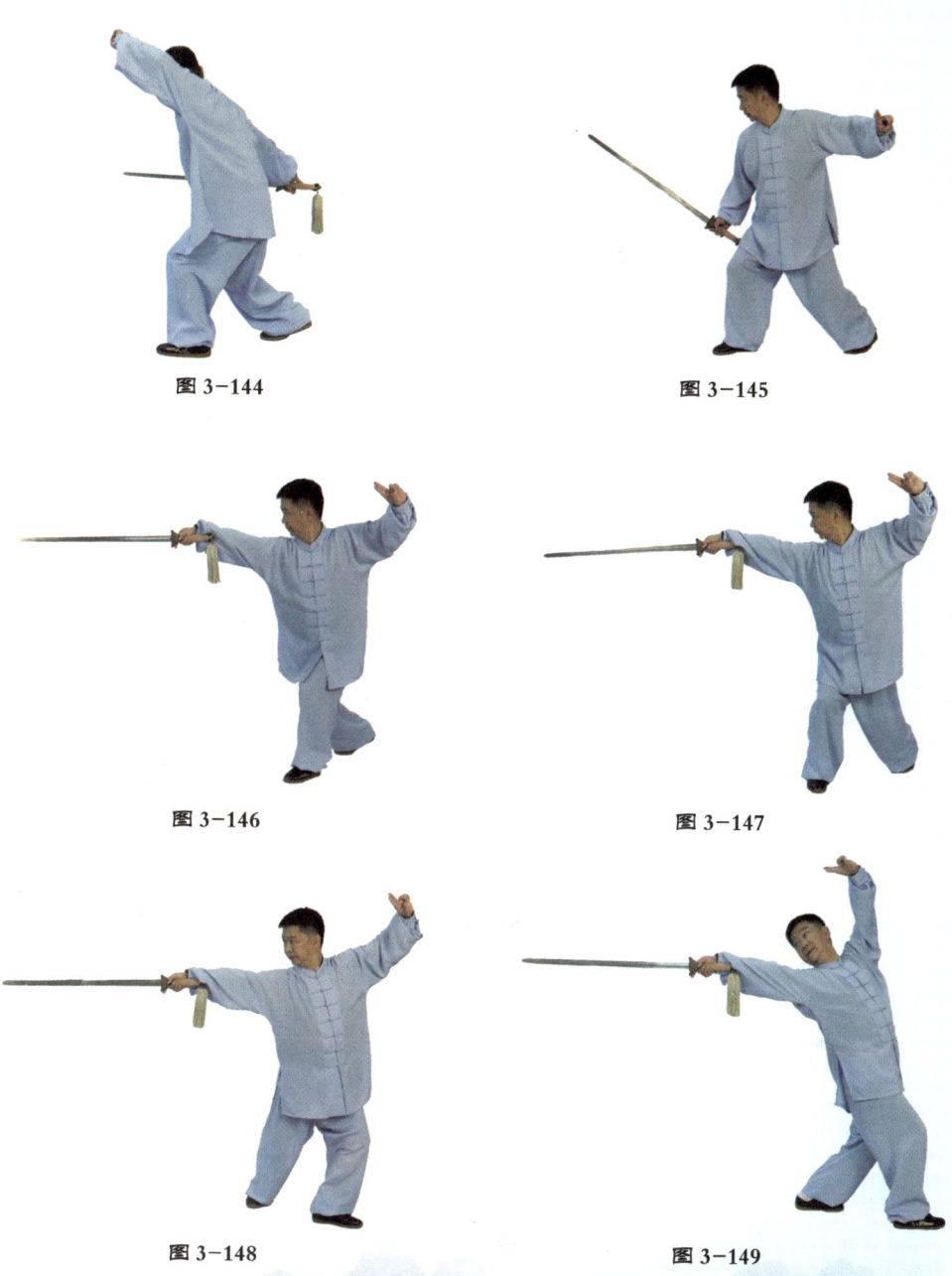

图3-144　　　　　　　　　　图3-145

图3-146　　　　　　　　　　图3-147

图3-148　　　　　　　　　　图3-149

图 3-150

④重心落于右腿,左腿提膝;右手持剑向前下截,手心向下;左手附于右手腕处。(图 3-151)

⑤身体稍右转,左脚向左落步成左仆步;同时右手持剑向下、向左、向上横架于头顶,剑尖向左;左手剑指附于右肩前。(图 3-152)

⑥重心移至左腿,右脚、左脚连续向右前方弧形上三步;同时右手持剑向后、向下、向前于第二步格剑,左手附于右手腕;第三步刺剑。(图 3-153～图 3-157)

图 3-151

图 3-152

图 3-153

图 3-154

图 3-155

图 3-156

图 3-157

⑦左、右脚连续向前上五步；同时右手持剑于第二步右格剑，左手附于右手腕；第四步右手回收至腰间；第五步向前刺剑，右脚跟半步，左手剑指上架于额前上方。（图 3-158～图 3-162）

图 3-158

图 3-159

图 3-160

"两拳一械"竞赛套路

图 3-161

图 3-162

动作要点：

①弧形步步法流畅，重心平稳；

②刺剑翻身，拧腰旋转，快速平稳；

③格、刺清晰，力贯剑身。

30. 转身上击（游龙戏水）

①身体右后转，右脚上步，左脚跟半步；右手持剑向前提剑至右肩处，剑尖向前，剑刃向上；左手剑指附于右手腕处；两眼平视。（图3-163、图3-164）

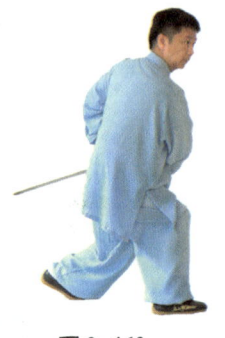
图 3-163

图 3-164

②右脚上步，左脚向左前摆步；右手持剑前点；左手架于左上方。（图3-165、图3-166）

③右脚、左脚交替向左弧形摆扣四步；同时右手持剑回扣，剑身横置于腰旁，手心向下；左手剑指置于身体左侧；目视剑指方向。（图3-167～图3-169）

118

武当剑

图 3-165

图 3-166

图 3-167

图 3-168

图 3-169

④重心移至右腿；右手持剑在头顶由左向后、向右云剑；目视剑尖。（图 3-170）

图 3-170

119

⑤右腿支撑，左腿提膝；右手持剑向左上侧击，手心向上；目视剑尖。（图3-171）

动作要点：

①重心沉稳，步法清晰，转走自如；

②上步点剑重心略向左倾，衔接流畅；

③点剑、扣剑和侧击方法清楚，力点准确。

31. 歇步下截（潜龙入窟）

①左脚后撤，身体左转；右手持剑向左上方格剑；目视剑尖。（图3-172）

②重心移至左脚，随后右脚向左脚后撤步，成左歇步；右手持剑内旋，手心向下，向右前方下截剑；左手提肘收于左腰间，手心向内；目视剑身。（图3-173、图3-174）

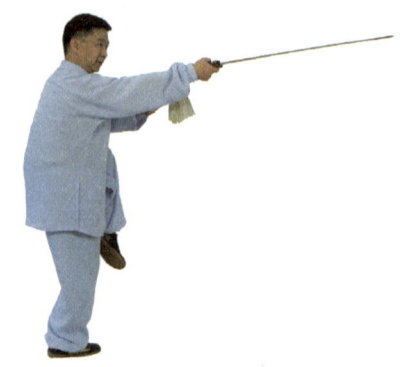

图3-171

图3-172

图3-173

图3-174

动作要点：

①重心起伏明显，格剑、截剑方法清晰；

②下蹲时，松胯下沉；

③格剑、截剑力点准确。

32. 转身抹剑（净扫迷雾）

①左脚后撤成右弓步；右手持剑前点；左手剑指附于右肘内侧；目视剑尖。（图3-175）

图3-175

②身体左转，重心移至左腿，左脚尖外摆；右手持剑外旋，由右向左抹剑，手心向上；左手置于左上方；目视剑尖。（图3-176、图3-177）

图3-176

图3-177

③身体左转，右脚向左后方扣步，左脚向右脚后方撤步，身体向左转一周；左手剑指背于身后；目视剑身。（图3-178）

动作要点：

①旋转中，抹剑方法清楚，以腰带剑；

②扣转后撤，注意脚下碾动；

③抹剑力点在剑身。

图3-178

121

33. 弓步前刺（灵猫捕鼠）

①重心移至左腿，右脚上步，脚尖外展，身体右转，两手合于胸前。随后右手持剑内旋右抹；同时左手向前、向左划弧；两手心向下。（图 3-179）

②左脚向前上步，成左弓步；两手经腰间，右手持剑向前平刺；左手剑指附于右手腕处；目视剑尖。（图 3-180）

图 3-179

图 3-180

动作要点：

①重心低稳，抹剑、刺剑，剑法有序；
②上步重心要保持平稳；
③抹剑、刺剑力点清晰。

34. 虚步抱剑（乾坤合道）

①右手持剑，使剑尖向上、向左划弧，剑置于左肩处，右手心向下；左手剑指附于右手腕处。随即重心右移，右脚外摆，左脚向右后方扣步，身体向右后旋转；右手持剑右抹；目视剑尖。（图 3-181～图 3-184）

图 3-181

图 3-182

图 3-183

图 3-184

②右脚向右侧上步成右弓步；同时，右手持剑经上向右点剑；左手剑指于后方平举；目视剑尖。（图 3-185）

③重心移至左腿，右脚收至左脚前方成右虚步；右手持剑在身前格剑，剑尖向上；左手剑指附于右手腕处；目视剑身。（图 3-186）

图 3-185

图 3-186

动作要点：

①转换时，抹剑、点剑和格剑方法清晰；

②两脚扣步、上步连贯平稳，转换轻灵；

③抹剑、点剑、格剑力点准确。

35. 收势（合剑归元）

①重心上移，右脚、左脚相继后撤一步成开立步，与肩同宽，两腿微屈；同时右手持剑使剑尖向右后、向下、向前、向左后舞花，停于左手处，随后左手接剑，右手成剑指，两手向前平举，与肩相平；两眼平视。（图 3-187～图 3-189）

图 3-187　　　　　图 3-188　　　　　图 3-189

②两手下落至身体两侧；两腿直立。（图 3-190）
③左脚向右脚并步；两眼平视。（图 3-191）

 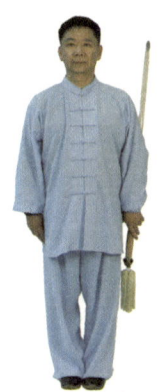

图 3-190　　　　　　　　　图 3-191

动作要点：

①气归丹田，呼吸自然，心静体松；
②退步重心平稳；
③右手持剑舞花贴身，左手接剑流畅，两手自然下落。

（三）动作路线

武当剑演练路线示意图：第一段

裁判席

转身刺剑 ← 歇步藏剑 ← 上步右格 ← 扣步左格 ← 进步绞剑 ← 跪步下截
并步截剑 → 翻身刺剑 ← 翻身抽剑 ← 跪步点剑
踏腿格剑 ← 提膝抱剑 ← 起势 ← 持剑转体

武当剑演练路线示意图：第二段

裁判席

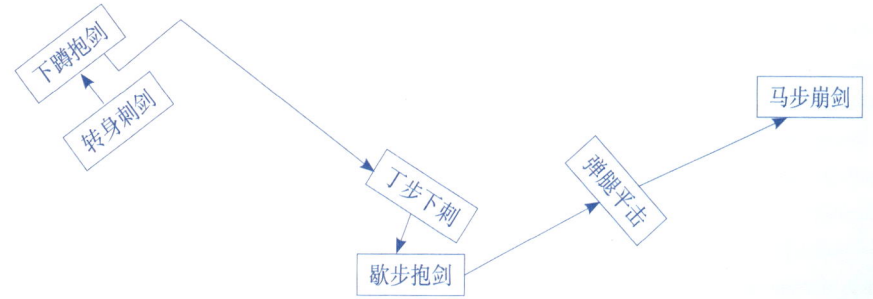

下蹲抱剑 ← 转身刺剑 ← 丁步下刺 → 弹腿平击 → 马步崩剑
歇步抱剑

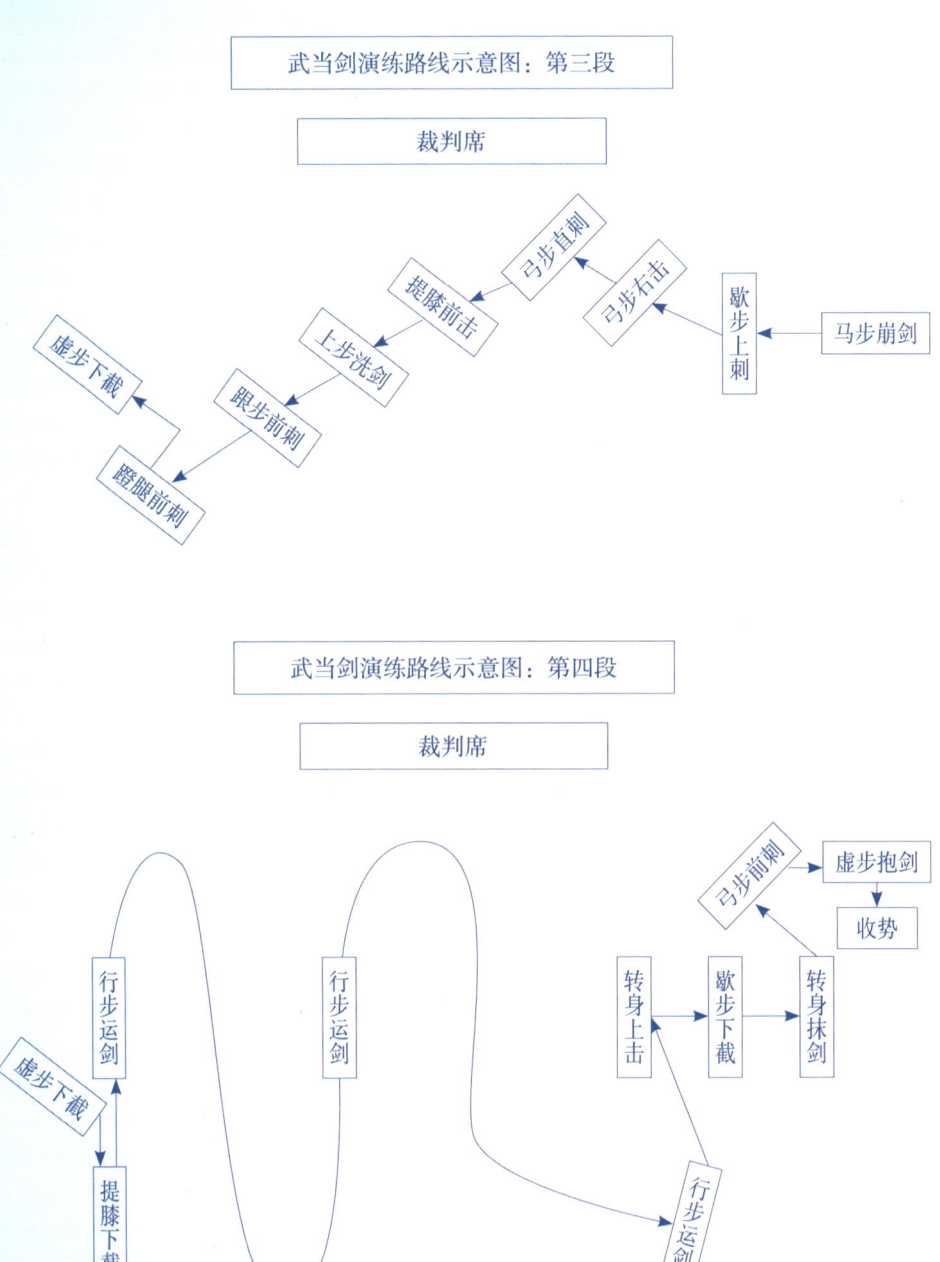